2295

sport   NXIX4XM

10⁵⁰

a pris.
humidité
↓

Le golf,

c'est aussi dans la tête

Données de catalogage avant publication (Canada)

Plante, Albert

Le golf, c'est aussi dans la tête

(Collection Psychologie)

ISBN 2-7640-0737-X

1. Golf – Aspect psychologique. 2. Golfeurs – Attitudes. 3. Attention. 4. Golf.
I. Titre. II. Collection: Collection Psychologie (Éditions Quebecor).

GV979.P75P53 2003   796.352'01'9   C2002-942028-8

LES ÉDITIONS QUEBECOR
7, chemin Bates
Outremont (Québec)
H2V 4V7
Tél.: (514) 270-1746

©2003, Les Éditions Quebecor
Bibliothèque nationale du Québec
Bibliothèque nationale du Canada
ISBN: 2-7640-0737-X

Éditeur: Jacques Simard
Coordonnatrice de la production: Dianne Rioux
Conception de la couverture: Bernard Langlois
Photo de la couverture: David P. Hall/Masterfile
Photo de l'auteur: Denis Brodeur
Illustrations intérieures: Michel Poirier
Révision: Sylvie Massariol
Correction d'épreuves: Francine St-Jean
Infographie: Dany St-André, 15ᵉ Avenue infographie

Nous reconnaissons l'aide financière du gouvernement du Canada par l'entremise du
Programme d'Aide au Développement de l'Industrie de l'Édition pour nos activités
d'édition.

Gouvernement du Québec – Programme de crédit d'impôt pour l'édition de livres –
Gestion SODEC.

DANGER

LE PHOTOCOPILLAGE
TUE LE LIVRE

Imprimé au Canada

Albert Plante,
psychiatre

Le golf,

c'est aussi dans la tête

LES ÉDITIONS
Quebecor
QUEBECOR MEDIA

IMPORTANT

Même si l'auteur aborde précisément les aspects psychologiques du golf, il insiste pour rappeler que la technique et la pratique constituent des préalables à la réussite dans ce sport. De fait, sans elles, l'attitude mentale, aussi bonne soit-elle, risque au mieux de rester une pensée magique, au pire de devenir un réservoir d'excuses, d'explications, de justifications pour une piètre performance.

Le golf, ça s'apprend, ça se pratique et ça se maîtrise!

PRÉFACE

Comme je joue au golf depuis ma tendre enfance, j'ai lu et relu des centaines d'articles dans le but premier d'améliorer certaines facettes de mon jeu et de parfaire mes connaissances. Je dois cependant avouer que la très grande majorité d'entre eux concernaient l'aspect physique de l'élan et des autres éléments du jeu. Je suis même surpris de constater que des revues spécialisées comme *Golf Digest* nous offrent, mois après mois, année après année, des titres en couverture qui nous laissent croire que «le truc technique du mois» va nous permettre d'enlever à notre score encore quelques coups lors de notre prochaine partie.

On bénéficie donc d'une source inépuisable de conseils, la plupart provenant des meilleurs joueurs professionnels, ce qui ajoute de la crédibilité à ces recommandations. Toutefois, l'aspect mental du jeu, lui, a longtemps été négligé, même si on nous répète depuis des lustres que le golf est avant tout un sport de concentration. De nos jours, rares sont les joueurs professionnels qui n'ont pas leur psychologue sportif attitré, car on s'est rendu compte avec le temps que l'attitude du joueur sur les parcours comptait autant, sinon plus, que son habileté. Aussi bien mettre toutes les chances de son côté, surtout quand c'est son gagne-pain!

Pour Albert Plante, le golf n'est pas un gagne-pain, mais une véritable passion. Je connais Albert depuis plusieurs années et j'ai toujours apprécié sa logique et son franc-parler. Je sais aussi à quel point son travail est exigeant et qu'il faut avoir le cœur et la tête bien solides pour œuvrer auprès des enfants démunis ou nécessitant des soins suivis. Je connais également son amour pour le golf et à quel point ce loisir est important pour son équilibre mental. Il suffit d'ailleurs de discuter quelques minutes avec lui pour découvrir la passion qui l'anime…

Vous découvrirez dans ce bouquin, écrit sans aucune prétention et avec une plume parfois sérieuse mais plus souvent humoristique, une série d'articles dans lesquels vous vous reconnaîtrez ici et là. Je suis convaincu à l'avance que les passionnés de golf, tous handicaps confondus, y trouveront un petit quelque chose qui fera d'eux de meilleurs golfeurs, sinon de meilleures personnes.

Bonne lecture… et bon golf!

Carlo Blanchard

Professionnel et enseignant de golf

P.-S. Le golf forme et démontre le caractère de la personne qui le pratique. N'oubliez jamais que c'est avant tout un jeu… AMUSEZ-VOUS!

AVANT-PROPOS

(deuxième édition)

Sept ans et une année sabbatique après la publication de mon petit ouvrage mi-sérieux, mi-humoristique, je reviens avec une «version améliorée». Prétentieux? Sûrement un peu, car parler de golf lorsqu'on est en fait un profane de ce sport ne peut être qualifié autrement. Il y a donc déjà sept années que, contre toute attente de ma part, ont été colligées une dizaine de chroniques publiées dans la défunte revue de golf *Albatros*, sous la gouverne de son rédacteur en chef Carlo Blanchard.

Une série de hasards m'a fait rencontrer d'abord Carlo, professionnel de golf, encore plus connu maintenant en raison de son rôle d'analyste de golf à RDS, puis Jacques Simard, éditeur chez Quebecor. C'est lors du lancement d'un livre sur les dessins d'enfants et leur interprétation, où m'avait fermement entraîné ma compagne du temps, que monsieur Simard m'avait dit laconiquement: «Demain matin, envoie-moi ces chroniques-là par télécopieur. Je crois qu'on pourrait en faire un livre.» Incrédule, je l'étais vraiment...

J'étais encore sceptique quand, le lendemain matin, à l'hôpital, il me rappela au téléphone sa demande de la veille. J'obéis. Peu de temps après, il m'offrit sérieusement d'en faire un bouquin. Selon lui, il y avait un besoin pour ce type de livre, car s'il y avait alors plein de publications et de documents vidéo sur la technique et la pratique du golf, très peu d'ouvrages portaient sur l'aspect «psy» de cette activité sportive.

La suite s'est déroulée à la vitesse de l'éclair: correction, illustration, publication, lancement… le tout en moins de cinq mois. Faut vraiment le faire!

Le succès relatif de cet essai et le fait que quelques exemplaires se soient retrouvés en France, en Belgique et en Suisse, n'ont pas été, vous vous en doutez bien, sans nourrir un narcissisme personnel toujours affamé. Ne dit-on pas que l'être humain a besoin d'amour et de reconnaissance? Les médecins en général, les psychiatres en particulier et peut-être plus ceux qui cherchent à aider les enfants et les adolescents, sont sensibles à la reconnaissance, à l'appréciation, le fruit de leur travail n'étant pas toujours évident.

Pendant les sept années qui suivirent, je me suis surpris à regretter de ne pas avoir abordé tel sujet, de ne pas avoir approfondi tel autre, de ne pas avoir choisi une autre photo pour la couverture, etc. Ce projet a donc évolué lentement jusqu'à ce que, l'automne dernier, je communique pour une tout autre raison avec l'éditeur et que je lui propose de rééditer *Le facteur PSY au golf*. N'étant pas homme à s'éterniser sur un tertre de départ, il a tout de suite dit oui. J'ai donc profité de mes vacances du Nouvel An à Cuba pour revoir, entre deux rondes de golf sur le magnifique parcours du Varadero Club, la première version, pour écrire quatre nouveaux chapitres et pour jeter sur papier cet avant-propos.

Mon objectif, et c'est le seul qui soit vraiment sérieux, est de vous rendre la pratique du golf plus agréable, plus «plaisante» comme disent «les gens du Lac». Je veux que la pratique du golf devienne pour vous une vraie détente, une diversion réelle des problèmes qui jalonnent le quotidien et une occasion en or de côtoyer des gens aimables et d'agréable compagnie. Rappelez-vous aussi que le 19e trou se joue même après une ronde de neuf trous!

Bon golf!

Bueno golf!

Good golf!

Goten golf!

AVANT-PROPOS

(première édition, 1995)

J'ai la prétention d'avoir avec Arnold Palmer au moins deux choses en commun: les initiales et l'amour du golf. Qu'il ait fait du golf son gagne-pain ne semble pas avoir entamé son enthousiasme: on l'a vu, lors du dernier *Skins Game*, remplacer John Daly au pied levé, jouer avec plaisir, savourer chacun de ses bons coups de même que ceux des autres et garder sa bonne humeur jusqu'à la fin, même s'il n'y a récolté aucun écu.

Si avoir les mêmes initiales relève des caprices du hasard, le plaisir de m'adonner au golf tient au fait d'y avoir été renforcé par la pratique de l'activité. Comme pour la plupart des personnes qui s'y essaient, l'adage suivant s'est avéré: «Plus on joue, plus on aime.» Je me suis laissé dire qu'il en serait ainsi des jeux de l'amour, des jeux de hasard et des fraises à la crème!

Donc, sans prétention mais pour le plaisir, j'ai entrepris, il y a quelques années, de partager par écrit, avec mes collègues golfeuses et golfeurs, le fruit d'une réflexion sur cet aspect important du golf: le «psychique». À celui-ci s'ajoutent les facteurs «pratique» et «technique», constituant ce que j'appelle le TRÉPIED du golf.

Attention! ne faisons surtout pas l'erreur de croire que tout est dans la tête. D'ailleurs, quand des professionnels disent de Jack Nicklaus qu'il est «le plus fort dans la tête», ils viennent simplement confirmer qu'en sus de la technique et de la pratique, sa force mentale (concentration, capacité d'évaluation et jugement) est meilleure que celle des autres professionnels de ce sport.

N'allez surtout pas vous laisser tenter par «le diable de la pensée magique» quand il vous souffle à l'oreille qu'en vous concentrant bien, vous réussirez ce coup roulé que vous ne calez pas habituellement, que vous saurez choisir le bâton qu'il faut si c'est la première fois que vous faites face à une situation donnée, que votre balle ira là où vous le désirez simplement parce que vous en aurez visualisé la trajectoire. La visualisation, si utile aux plongeurs, aux descendeurs en ski et aux gymnastes, entre autres athlètes, ne vous servira, tout comme à eux, qu'à la condition expresse que vous la combiniez avec des répétitions patientes et bien encadrées.

Les textes qui suivent ont été rédigés dans un premier temps sous forme de chroniques publiées au cours des trois dernières années dans la revue québécoise de golf *Albatros*. Leur réunion dans un seul ouvrage ne prétend d'aucune façon couvrir tout l'aspect psychologique de la pratique du golf. Mon objectif se limite plutôt, sans en diminuer l'importance, à donner au facteur «psy» la place qui lui revient.

Je sais cependant que, toutes les excuses étant bonnes, ce facteur continuera d'être mis au banc des accusés lors des mauvaises exécutions, avec des remarques du type:

«Je pensais à autre chose...»

«Je n'étais pas prêt...»

«Vous m'avez distrait...»

«Je n'ai pas fait ma routine...»

«Chaque fois que je vois de l'eau, moi...»

Avant que vous entrepreniez la lecture de ces textes, permettez-moi de vous poser cette question: «Jouez mieux, c'est bien; *jouer avec plaisir, n'est-ce pas mieux?*»

Bonne lecture et bon golf!

LA VRAIE NATURE DU GOLF

«Pourquoi faire simple quand on peut faire compliqué?» Cet adage des gens du Lac-Saint-Jean et du Saguenay pourrait très bien s'appliquer à la définition du golf, à la recherche de l'essence même de cette activité de l'*homo ludens*.

J'évite volontairement le piège des origines du golf puisque, comme pour le vrai père Noël, des pays aussi divers que la Chine, l'Irlande, l'Écosse et l'Islande (pays d'hiver s'il en est un) en revendiquent la paternité.

Essayons quand même de régler la question suivante, entre toutes fondamentale: «Le golf est-il un sport?» Au moment où des manœuvres «diplomatiques» intenses se font ouvertement et en coulisse pour qu'on l'accepte aux Jeux olympiques, voyons voir s'il répond à au moins une des trois caractéristiques d'un sport olympique:

Altius: oui, si l'on considère la hauteur que la balle peut parfois atteindre;

Fortius: oui, puisqu'il faut vraiment frapper fort pour faire parcourir au projectile une distance maximale;

Citius: oui, et on n'a qu'à voir l'insistance des propriétaires de terrains de golf pour qu'on boucle une ronde le plus rapidement possible.

On peut aussi ajouter la précision et la concentration, qualités essentielles à cette activité.

Autre question importante: «Le golf est-il utile?» Oui, si l'on considère que l'être humain atteint une certaine harmonie lorsqu'il parvient à doser de façon équilibrée TRAVAIL-AMOUR-LOISIRS.

Il reste cependant assez évident que le golf est avant tout un passe-temps (il paraît que dans leurs temps morts, les bergers s'occupaient à faire pénétrer, dans une dépression du pâturage, un caillou rondinet à l'aide de leur houlette), une diversion par rapport à d'autres activités humaines dont le but est plus productif. Certains diront qu'il s'agit de temps perdu. Peut-être est-ce vrai tout comme l'est «faire les cent pas» ou «arpenter une salle des pas perdus à la recherche du temps perdu». Mais je m'égare.

«S'agit-il d'une activité à caractère social?» Bonne question. Pour y répondre, revoyons les phases du développement du jeu chez l'enfant. Au début, il y a un jeu solitaire qui commence par l'exploration du corps: regarder ses doigts, se mettre les orteils dans la bouche et, extase suprême!, découvrir que mère Nature a placé au bas de son ventre un dispositif permettant d'atteindre un plaisir tel que les autres sens paraissent, à la limite, n'exister que pour le préparer, le compléter ou, mieux, le faire valoir.

Suit la phase de «jeu parallèle». Vers l'âge de deux ans, des enfants peuvent jouer côte à côte de façon pacifique. Cette paix reste cependant bien fragile puisqu'il ne faut que l'emprunt d'un jouet ou un léger empiétement sur le territoire de l'autre pour qu'une foire d'empoigne n'éclate. L'évolution du jeu chez l'enfant culmine enfin par le jeu coopératif, illusoire jusqu'à un certain point puisqu'il s'y cache la sempiternelle compétition... déguisée en jeu d'équipe. D'ailleurs, on sent fréquemment la rivalité fraternelle entre les coéquipiers.

Le golf se situerait donc au niveau du jeu parallèle, un jeu «égoïste» puisque chacun joue d'abord *sa* balle, compte *ses* coups, inscrit *son* score et reste, à la limite, *son* propre compétiteur. Bien sûr, je concède qu'avec la vulgarisation du golf – ce jeu emprunté par les nobles aristocrates à la plèbe, puis récupéré par «le monde ordinaire» –, on assiste à des incursions dans le jeu coopératif, tant chez les professionnels (Ryder's Cup) que chez les amateurs (tournoi «quatre balles», meilleure balle, aussi appelée formule Vegas). Reste qu'il s'agit avant tout d'un jeu individuel que l'on pratique seul ou avec d'autres. Diversion, loisir, passe-temps, passion pour les uns, travail pour les autres, le golf, c'est un peu tout ça.

On rapporte que l'écrivain américain Ernest Hemingway disait que le golf était une «belle marche gâtée». C'est vrai qu'il est bien difficile de jouer au golf avec un cigare dans une main et une bouteille de rhum cubain (anciennement Bacardi, aujourd'hui Habana Club) dans l'autre, et de garder la concentration, voire l'équilibre nécessaire à la pratique de ce jeu! Car le golf consiste à faire pénétrer dans un petit trou une encore plus petite balle à l'aide d'instruments bizarres qui semblent avoir été inventés pour faire tout autre chose que cela, comme labourer ou herser le sol!

PRO-AM

Je vous propose de réfléchir sur le statut de différents types de golfeurs, selon qu'ils se qualifient de professionnels ou d'amateurs. Il est, ma foi, plutôt aisé de tracer une ligne entre les deux groupes, puisque les pros gagnent, ou plutôt tentent de gagner, leur croûte grâce à cette activité sportive et que les amateurs, eux, croient y trouver un moyen de se relaxer et de se divertir. Il arrive cependant que certains amateurs travaillent plus fort sur un terrain de golf qu'à leur emploi régulier! Mais il s'agit là d'un travers que nous n'analyserons pas ici…

Pour plus de clarté, j'ai pensé vous servir le tout sous forme de tableau. Vous y trouverez diverses catégories de golfeurs de même que certains éléments les caractérisant. Il en va bien sûr de cet essai de catégorisation comme des classifications médicales et encore plus des classifications psychiatriques: bien des personnes tombent en dehors des catégories ou, guère mieux, se retrouvent à cheval sur deux d'entre elles! On doit alors les forcer à entrer dans l'un ou l'autre des tiroirs avec les inconvénients que l'on devine. Rien de scientifique dans cet exercice, me direz-vous? Je vous le concède volontiers. Admettez tout de même qu'il s'agit là du fruit d'un bel effort…

CATÉGORIES ET CARACTÉRISTIQUES DES JOUEUSES ET DES JOUEURS DE GOLF

PROFESSIONNELS

			Membres d'un club
ACTIVITÉS	Pratique (temps consacré)	+ + + +	De + + + à + +
	Cours	Ils en donnent.	Ils en prennent.
	Nombre de rondes	Variable	30 et +
MOTIVATION	Ils gagnent leur vie ainsi.		Ils aiment le golf, ils y «travaillent» parfois et y incluent leur vie sociale.
TECHNIQUE	Très importante		Plutôt importante
ÉQUIPEMENT	Sophistiqué, par besoin		Sophistiqué, par goût ou par snobisme
ASPECT MENTAL (OU PSYCHIQUE)	Très important. (Ces personnes possèdent la technique et l'équipement et elles pratiquent entre les rondes.)		L'importance est inversement proportionnelle au chiffre du handicap.

Légende:	0	pas du tout
	+	un peu
	++	assez
	+++	beaucoup
	++++	passionnément

CATÉGORIES ET CARACTÉRISTIQUES DES JOUEUSES ET DES JOUEURS DE GOLF

AMATEURS

Itinérants (quotidiens)		Occasionnels, expérimentateurs
De ++ à +		De + à 0
Ils en prennent peut-être.		Ils n'en prennent pas du tout.
30 et +	De 10 à 30	Variable mais au moins une par saison
Ils sont des mordus.	Ils aiment bien.	Ils participent aux tournois (activités caritatives par exemple).
Plus ou moins importante		«C'est quoi ça, la technique?»
Parfois récent (intérêt moyen)	Parfois antique (intérêt très moyen)	«Qui peut me passer des bâtons?» (Les droitiers sont plus chanceux...)
Plus souvent utile pour servir d'excuses!		Pas besoin: «Je joue tellement peu souvent!!!!»

Légende:

0	pas du tout
+	un peu
++	assez
+++	beaucoup
++++	passionnément

J'aurais pu retenir d'autres critères dans l'exercice, tels l'âge, le sexe, le degré d'habileté (handicap), entre autres. Je me suis limité à ceux qui me paraissaient suffisamment démonstratifs pour permettre de situer la pratique du golf dans la vie des Américains du Nord que nous sommes. Bien que, au Québec, le golf soit un sport saisonnier, certains irréductibles golfeurs québécois succombent à la tentation de jouer en mars et en décembre, comme ce fut le cas en 2001. Cependant, il reste que le port des mitaines et de la tuque sied mieux au hockey, au ski, à la motoneige et à la pêche blanche!

Pour les accros, il est toujours possible de piquer une pointe vers le Sud où de multiples terrains, tous plus aguichants les uns que les autres, se mettent sur leur 36 (ce qui incite certaines personnes à jouer deux 18 trous par jour...). Ces irréductibles se soulagent ainsi des symptômes de sevrage de la «golfomanie», malaises que n'arrivent pas à contrôler complètement les coups d'essai au Dôme de Laval ou en gymnase, le golf virtuel sur écran ou encore, quoiqu'ils soient moins efficaces, les jeux de golf en vidéo. Cela relève quasiment de la passion...

PENSEZ GOLF

«Je ne méritais pas de gagner, j'ai tout gâché, j'ai commis des erreurs mentales.» Ainsi se lamentait Mark Calcavecchia à l'issue de la classique Honda (mars 1990) dont il avait perdu les honneurs à Coral Springs.

Ce commentaire est loin d'être inédit. Qui de vous n'a déjà entendu dire ou n'a lui-même dit: «Le golf, c'est dans la tête que ça se passe»?

Et que dire de la tristement célèbre défaite de Jean Van de Velde, ce professionnel français qui a laissé la victoire lui glisser entre ses doigts lors de l'Omnium britannique de 1999? Ses trois erreurs de jugement consécutives au dernier trou ont permis à Paul Lawrie de lui soutirer le trophée en prolongation. C'est quand même ironique de noter que Van de Velde restera dans la mémoire longtemps après qu'on aura oublié que c'est Lawrie qui a terminé premier!

Et si on vous posait la question suivante, que répondriez-vous? «En pourcentage, quelle importance accordez-vous à l'aspect psychique, par rapport à la technique et à la pratique, lorsque vous jouez au golf?» 10 %? 20 %? 30 %? plus?

À chacun sa réponse, bien que tous s'entendent pour reconnaître que le psychique joue un rôle non négligeable dans la pratique de ce sport de plein air.

Paradoxalement, il est plutôt rare qu'on aborde précisément cet aspect du golf et qu'on en étudie les mécanismes. En ce qui me concerne, j'aime bien traiter de sujets aussi sérieux que la concentration, la visualisation et la généralisation dans le golf, comme j'apprécie parler de facettes plus légères, telles les superstitions, la place du hasard et de la chance, la caractérologie du golfeur et divers concepts appliqués spécifiquement au golf.

Ne soyez pas étonné si vous avez parfois l'impression que ce que vous lisez n'est pas vraiment nouveau. Nous avons tous ce qu'on appelle «de la psychologie» de façon naturelle et spontanée. L'originalité de ma démarche réside plutôt dans le fait d'y mettre l'accent et de regarder le jeu du golf par le bout «psy» de la lorgnette.

Soyons iconoclastes, soyons «rebelles» comme dit ma Catherine de fille, et dénonçons d'abord vivement cet énorme mensonge qui veut que le golf soit *un* jeu. NON, le golf n'est pas un jeu (nous reviendrons d'ailleurs plus loin sur l'autre aspect de cette même question, car pour certaines personnes, le golf n'est pas un JEU mais un TRAVAIL). Il s'agit en fait de *plusieurs* jeux. Le score final est le résultat d'un assemblage de coups de départ, de coups de bois d'allée, de coups de longs et de courts fers, de coups d'approche et de coups roulés. Ah! j'allais oublier les sorties du sable et les entrées dans l'eau...

Bref, c'est l'addition de l'habileté à maîtriser chacun de ces jeux qui fait qu'une personne est plus ou moins performante au golf. Il serait donc logique d'apporter une attention particulière à chacun des aspects de son jeu. N'est-il pas vrai que lorsque vient le moment de faire le compte, un coup de départ de 250 mètres ne vaut ni plus ni moins qu'un coup roulé de 2 centimètres?

Heureusement, la réalité est loin d'être aussi sombre et, même si le golf est un ensemble de jeux, il est possible d'en réduire la complexe diversité à deux élans de base: celui qu'on utilise pour le coup roulé ainsi que pour les courtes approches et celui qu'on utilise pour tous les autres coups.

Le golf, c'est un pensez-y bien et ce qui se passe dans la tête du joueur est aussi important que ce qui se passe dans la tête des bâtons! Il est d'ailleurs hautement souhaitable que la première ait le contrôle de l'autre!

Quitte à me répéter, je vous rappelle que, même si j'ai choisi de mettre l'accent sur l'aspect psychologique, on ne doit pas perdre de vue l'aspect technique sans lequel la meilleure attitude mentale risque de rester dans le monde du rêve et de la fantaisie!

METTEZ-VOUS EN BULLE!

On peut avancer, sans grand risque de se tromper, que l'importance du facteur «psy» au golf fait l'unanimité. On peut même affirmer que la concentration en est la clé. Cependant, qui dit concentration dit attention, mais aussi distraction, son ennemie jurée.

C'est d'abord en examinant la durée réelle des différentes phases d'une partie de golf que je vous propose d'aborder le sujet de la concentration.

Une partie de golf régulière de 18 trous, jouée à quatre personnes, dure environ quatre heures et demie, soit 270 minutes. À première vue, on peut dire qu'il est impossible à un être humain aux capacités mentales normales de garder sa concentration durant une période de temps aussi longue. Toutefois, si on soustrait de ce total les minutes durant lesquelles on se déplace d'un vert au tertre de départ du trou suivant, puis on marche jusqu'à sa balle après l'avoir frappée, on attend que les autres joueurs aient exécuté leurs coups, on cherche les balles égarées, on obtient une durée beaucoup moindre, donc un temps de concentration réduit de beaucoup.

Faisons le calcul! Pour une partie de 100 coups, on compte environ:

♀ 18 coups de départ;

♀ 42 coups divers;

♀ 40 coups roulés.

Si l'on prend 25 secondes pour les coups roulés, 30 secondes pour les coups de départ et 20 secondes pour les autres, la durée d'attention requise se trouve réduite à 40 minutes. Bien sûr, ces données sont approximatives et varient selon les individus et les circonstances. C'est déjà mieux, n'est-ce pas? Mais est-ce suffisant? Sûrement pas! Ce temps n'étant pas continu, on doit recourir à une tactique particulière pour éviter que la distraction fasse ses ravages.

Comme la distraction est l'ennemie jurée de la concentration, il faut se rappeler qu'elle s'alimente à deux sources: l'une interne et l'autre externe. La *source interne* est constituée d'un réservoir de pensées, tant positives que négatives, que chacun transporte avec soi continuellement, au golf comme ailleurs. Remède suggéré? Laisser tous ses soucis à la maison ou au bureau. Ces pensées distrayantes peuvent émerger à tout moment durant la joute; ainsi, réussir à discuter d'affaires tout en jouant au golf est un défi presque impossible à relever. En voulant faire des affaires sur le parcours, on risque d'affecter négativement le compte ou le contrat, et même les deux!

La distraction de *source externe* peut être aussi funeste, d'autant plus que plusieurs sens sont la cible de stimuli divers. Voici quelques exemples:

La vue: on peut être dérangé par un obstacle d'eau ou de sable. Une allée plus étroite peut distraire aussi efficacement qu'un insecte posé sur la balle au moment où on exécute un coup roulé. Et connaissez-vous pire qu'un moustique (mouche noire, maringouin ou abeille) qui vient vous rendre visite intimement?

L'ouïe: le stimulus peut prendre la forme d'un bruit inopportun comme une toux, des cris venant d'un vert voisin et même, pour les professionnels, du déclic d'un appareil photo lorsqu'ils s'apprêtent à exécuter un coup particulièrement précieux durant un tournoi...

Le toucher: la température extérieure trop chaude ou trop froide, surtout pour les mains, est une cause importante de distraction. Il en va de même des souliers inconfortables ou du gant mouillé par la pluie ou la sueur. À cet effet, ayez toujours au moins deux gants, sinon trois, dans votre sac.

Y a-t-il des remèdes contre la distraction? Heureusement, oui! Il s'agit, à la manière de l'autohypnose, de faire le vide en soi et autour de soi en concentrant toutes ses pensées sur la tâche à exécuter. Une façon efficace d'y parvenir consiste à se mettre en bulle. Imaginez qu'une bulle de verre vous entoure. Une porte semblable à celle d'un ascenseur la rend hermétique à mesure qu'elle se referme devant vous. Comptez mentalement 1 – 2 – 3 et un déclic se produit excluant instantanément tout stimulus venant de l'extérieur. En limitant votre pensée aux gestes à faire, vous réduirez de façon radicale les risques qu'une interférence vienne déranger l'enchaînement et l'exécution de vos mouvements.

Comme d'autres aspects du jeu, cette technique demande un minimum de pratique. Ainsi, vous pouvez l'utiliser aussi bien lorsque vous pratiquez vos coups roulés sur le tapis du salon que lorsque vous frappez des balles au champ de pratique ou en gymnase. Vous ne devriez pas avoir trop de difficultés à la répéter sur le terrain, en situation de jeu. Il sera d'ailleurs question de cette manœuvre dans un chapitre ultérieur, «Généralisez, pardi!».

Rappelez-vous que plus le coup s'avère difficile, plus la mise en bulle est importante. Parlez-en à Dan Forsman qui, après avoir vu sa balle atteindre l'eau à son coup de départ au 12e trou du tour final du Masters à Augusta, a expédié sa deuxième balle au même endroit alors qu'il frappait avec un cocheur (*wedge*) et que seulement une cinquantaine de mètres le séparait du vert! Pendant ce temps, Bernhard Langer (qui devait finalement remporter le tournoi et endosser le célèbre veston vert) était sur le vert du 11e trou et, de son aveu, avait son poursuivant en vue. Il a sagement patienté jusqu'à ce que celui-ci se fût «mouillé» une deuxième fois avant de se concentrer et de réussir son propre coup roulé.

J'allais oublier l'influence des bons ou des mauvais coups sur l'exécution du coup suivant. Je suggère de suivre l'exemple de Stéphane Fiset, ex-gardien de buts des Nordiques, qui avouait s'obliger à penser à autre chose après avoir accordé un mauvais but. Ce à quoi on pense n'a en soi aucune importance. C'est un peu comme un mot de passe à l'envers. À la guerre, cela s'appelle une activité de diversion. À vous de choisir la pensée ou le geste qui vous permettra d'exorciser le mauvais sort et de retrouver votre capacité à vous concentrer. À ce jeu, penser trop... c'est dépenser.

Et si vous entendez dire que Lee Trevino peut jouer au golf en jasant et en blaguant avec ses partenaires, eh bien dites-vous qu'il ne m'a pas encore lu ou encore qu'il s'agit là de sa technique personnelle pour exorciser les diables de la distraction. L'approche paradoxale consiste justement à donner un ton banal à l'action la plus sérieuse. C'est le secret des grands *performers* qui donnent l'impression de l'aisance alors que, intérieurement, ils sont paralysés par le trac!

METTEZ-Y DU «VISU»!

Lorsque j'étais enfant, on disait d'une personne habile dans un sport où le tir et la précision étaient nécessaires, qu'elle avait du «visu». Le résultat de certains efforts musculaires pour atteindre un objectif précis repose effectivement sur la qualité de la coordination oculo-motrice de l'individu. Pourtant, le fait de bien coordonner l'action de ses membres avec les données transmises par les yeux n'assure pas automatiquement la réussite d'un coup au golf.

D'ailleurs, depuis quelques années, le terme «visualisation» est entré dans le monde médical et sportif. Il fait référence à l'opération mentale par laquelle le sujet s'applique, par la pensée, à vivre à l'avance en imagination le geste ou la série de gestes qu'il s'apprête à exécuter. Cette opération doit conjuguer détente musculaire et concentration mentale.

Par exemple au plongeon, en patinage artistique de même qu'en gymnastique, on suggère à l'athlète de «voir» dans sa tête la figure qu'il s'apprête à exécuter. Aux derniers Jeux olympiques, on a pu observer des conducteurs de bobsleigh mimer, les yeux fermés, les mouvements qu'ils s'apprêtaient à exécuter en piste tout au long du parcours en lacets. Je ne serais pas surpris que les conducteurs de voiture de formule un fassent de même, puisqu'ils doivent s'adapter à des circuits différents, dont certains contiennent des virages à contresens... Jean-Luc Brassard, le «boss des bosses», me disait récemment qu'il est à ce point convaincu de l'importance de la visualisation qu'il lui fallait refaire l'exercice mentalement si sa performance n'était pas adéquate durant cette visualisation. Il précisait que certains visualisent en couleurs, d'autres en noir et blanc. Si certains visualisent en étant eux-mêmes en action, d'autres le font comme s'ils étaient spectateurs de leur propres gestes.

Bien que ce ne soit pas aussi évident, l'élan de golf, de même que sa préparation, exige une bonne dose de concentration et consiste essentiellement en une série de mouvements qui culmineront par un effort physique réel de moins d'une seconde. Ainsi, cent coups de golf prennent à peine deux minutes des quatre heures et demie que dure une partie.

Un plongeon avec vrilles et culbutes, une pirouette avec salto arrière, un triple saut piqué sont évidemment plus spectaculaires qu'un coup de fer 7. Cependant, en y pensant bien, vous constaterez que la séquence et l'enchaînement des gestes qui vont de l'approche à la balle jusqu'à l'impact du bâton sur celle-ci, en passant par les calculs (qui prennent en compte la nature des obstacles, la vitesse et la direction du vent) et par le choix du bâton, sont aussi complexes que vrilles, culbutes et pirouettes.

Comment donc pratiquer cette visualisation et en tirer profit? D'abord, il faut faire le vide en soi et oublier l'environnement. Il est en effet difficile de bien jouer au golf si on amène avec soi les soucis du travail ou de la maison. De la même façon, les sources de distraction comme le vent, la pluie, les bruits, entre autres stimuli externes, risquent d'influer négativement sur votre performance. Voici la séquence que je vous suggère:

1) Fermez d'abord les yeux pour diminuer le plus possible les stimulations externes.

2) Visualisez dans votre tête le coup à exécuter, en prenant soin de respecter chacune des étapes.

3) Sentez dans votre corps chaque partie de votre élan. Rappelez-vous que les plongeurs vont même jusqu'à simuler les vrilles alors qu'ils les «visualisent» debout, sur le bord du bassin.

Si, dans la séquence des gestes, vous craignez de vous laisser distraire, utilisez le truc du mot de passe. Il peut s'agir d'un mot que vous prononcerez à l'instant précédant l'élan ou au moment précis de cet élan. Jack Lemmon, le célèbre acteur américain, se disait «Magic Time» au moment où il entrait en scène. C'était sa façon de conjurer le trac. Il s'agit donc pour vous de trouver le moment où vous êtes le plus susceptible de perdre votre concentration et d'y aller de votre propre «Magic Time»...

Dernière suggestion: ne tentez jamais d'apporter plus d'une correction durant une partie. On ne répétera jamais assez qu'il est illusoire d'espérer corriger plus d'une seule chose par joute, donc de «travailler» plus d'un bâton ou plus d'un aspect donné de son jeu. C'est probablement pour cela qu'on voit souvent des gens mettre de côté un bâton ou un autre, ou même parfois en laisser un «en pénitence» à la maison...

COMBATTEZ
LE STRESS

«*To my great surprise, golf became my lifesaver.*» (Richard Nixon)
C'est un des extraits, publiés dans la revue *Time* du 2 avril 1990,
de l'autobiographie de l'ex-président des États-Unis intitulée *In
the Arena*. Nixon y décrit l'agonie vécue pendant son exil de la
présidence américaine et durant sa lutte pour une renaissance.

Certes, je ne prétends pas que mes confrères psychiatres et
psychologues prescrivent régulièrement le golf comme «antidé-
presseur sauve-vie», mais je crois fermement que beaucoup de
gens, femmes et hommes, jeunes et moins jeunes, trouvent dans
ce sport un moyen de combattre le stress de la vie courante. De
plus, il aide bon nombre de personnes à quitter en douceur des
sports plus exigeants et mieux adaptés à leurs jeunes années; en
effet, bien des gens considèrent le golf comme une activité avec
laquelle il est possible de vieillir en harmonie. Je veux pas insi-
nuer ainsi que le golf n'est pas un sport approprié pour la
jeunesse; au contraire, j'envie les jeunes adeptes qui joueront plus
longtemps que les «vocations tardives» dont je suis.

Mais même si le golf a toutes les caractéristiques d'une activité relaxante, permet-il toujours de se détendre?

Hélas non! Voici d'ailleurs la triste histoire de mon ami Ronald, un de ces joueurs qui «prennent des chicanes» avec un de leurs bâtons et qui, pour le «punir», le laissent à la maison durant quelque temps. Ronald a même fini par punir tout son sac. Il a cessé de jouer parce qu'il en était venu à y trouver une occasion de stress, plutôt qu'un moyen de se détendre et de s'amuser. C'est que Ronald, un fier compétiteur au hockey, avait oublié que la compétition au golf ne devrait se faire que contre soi-même, et encore... Sinon, on risque de transformer une activité de détente en une situation qui ressemble plus à du travail qu'à du jeu. Dans le cas de la compétition aussi, «la modération a bien meilleur goût».

Pour la plupart des gens, disputer une partie de golf peut donc être une bonne façon de se détendre et de fuir le stress du quotidien. Il restera toujours l'aspect performance, mais pourquoi en mettre plus qu'il n'en faut? Pourquoi compter ses coups à la première partie printanière? Et durant la saison, pourquoi toujours jouer au total des coups plutôt que par trou? Pourquoi jouer seul contre les trois autres, plutôt que deux contre deux ou quatuor contre quatuor, au total des coups de l'équipe ou avec la meilleure balle?

Une partie du stress relié au golf vient de la nature même de celui-ci, à savoir que le défi est de rendre la balle au trou avec le minimum de coups possible. Cette «tension» est, pour ainsi dire, inévitable. L'autre partie du stress réside dans la tête, dans l'ambition qui pousse chacun à relever un défi. Il est donc possible pour le joueur lui-même de diminuer cette partie variable du stress et de rendre au golf son caractère antistressant puisqu'il consiste essentiellement à parcourir des allées bordées d'arbres, agrémentées de lacs et de ruisseaux, loin des bruits de la ville, en compagnie de personnes habituellement agréables.

Pour jouer un golf antistress, je vous suggère d'arriver au club plusieurs minutes avant le moment prévu pour le départ. Pendant quelques instants, pratiquez vos coups roulés et faites des mouvements d'étirement avant de vous élancer sur la balle. Choisissez vos partenaires lorsque vous le pouvez. Enfin, fixez-vous des objectifs réalistes; ne visez pas le par (je n'aime pas le terme «normale», car il ne s'agit pas ici de la norme!) ou même le bogey si vous jouez régulièrement au-dessus de 100. Ne vous laissez pas convaincre de gager si vous n'en avez pas envie et si cela constitue pour vous une source supplémentaire de stress ou de distraction. Enfin, et surtout, laissez vos problèmes au stationnement. J'allais oublier: n'apportez pas votre téléphone cellulaire avec vous, sauf pour une raison majeure... de cœur!

Je me dois des éclaircissements sur cette dernière remarque. Il y a quelques années, je jouais au golf avec deux amis et un autre joueur que je connaissais peu. Au vert du 17ᵉ trou, voyant ce dernier se retirer un peu à l'écart pour utiliser son téléphone cellulaire, je ne pus m'empêcher de m'exclamer: «Est-ce que ça a de l'allure, faire un appel pendant une partie de golf!» Et mon ami, qui le connaissait mieux que moi, de répondre: «Chut! il appelle sa maîtresse.» OUPS!

HALLUCINEZ POUR LE MIEUX!

Dans un chapitre précédent, il a été question de visualisation. Cette fois, c'est une technique inverse que je vous propose. Elle consiste *à ne pas voir* l'obstacle embarrassant. Elle sera utile surtout lorsqu'un obstacle réel ou imaginaire, de par sa nature, risque de vous faire perdre votre concentration et, par voie de conséquence, de vous rendre difficile la réussite d'un coup.

Voici un certain nombre d'obstacles réels:

♀ de l'eau, du sable ou un arbre entre votre balle et l'objectif;

♀ une allée très étroite;

♀ une balle dans une fosse de sable ou dans l'herbe longue.

Et vous connaissez sûrement d'autres situations frissonnantes...

Plusieurs d'entre nous ont vécu cette expérience frustrante de voir leur balle terminer son envol dans le sable ou dans l'eau, alors que le coup, s'ils ne se trouvent pas devant un obstacle de ce type, est habituellement bien réussi. Et que dire de cet arbre, le plus souvent de petit diamètre, que la balle frappe d'aplomb alors qu'on l'aurait raté s'il avait été l'objectif visé!

Que faire alors? Tout d'abord, décidez à quel endroit votre balle devrait tomber. Imaginez ensuite la trajectoire qu'elle devrait suivre et effacez du «portrait» l'obstacle lui-même. En un mot, ne tenez pas compte de l'existence réelle de l'obstacle puisqu'en réalité, le coup à exécuter en est indépendant... sauf dans votre esprit.

Un exemple d'obstacle imaginaire? Dans mon cas, c'est le deuxième trou du Club de Farnham, un par 3 sur à peine 100 mètres, que je n'arrivais pas à maîtriser. La solution? M'imaginer que j'étais ailleurs, sur un autre terrain de même niveau mais que je maîtrisais mieux. Vous aurez deviné que cet obstacle imaginaire découlait du fait que j'avais eu de la difficulté à ce trou la première fois que j'y avais joué.

En hallucinant négativement, si je puis dire, on peut espérer obtenir un meilleur résultat si on se souvient que la concentration mentale est la clé de la réussite. Plus l'obstacle est situé près de soi (sauf s'il s'agit de passer par-dessus un arbre et non à côté...), plus les chances de réussite sont grandes. Autre préalable important: il faut être capable, de façon habituelle, de réussir ce coup. Espérer faire mieux en présence d'un obstacle tiendrait de la pensée magique.

Si, devant un plan d'eau, vous craignez de voir votre balle y disparaître, ne croyez pas que vous améliorerez les probabilités de l'éviter «en utilisant une vieille balle». Au contraire, car n'est-ce pas là une façon d'accepter à l'avance la possibilité que votre balle se retrouve dans l'eau? N'est-ce pas là une prophétie que vous vous prescrivez de réaliser? Comme le dit si bien Jacques Demers, ex-entraîneur dans la Ligue nationale de hockey: «Pensons et soyons positifs tout le temps!»

AUGMENTEZ VOTRE M.I.N.M.

Bien qu'on parle habituellement de «mémoire neuromusculaire», l'expression «mémoire intégrative neuromusculaire» (M.I.N.M.) me paraît plus juste. En effet, le muscle volontaire étant un exécutant bien soutenu par une charpente osseuse et secondé par l'ensemble des articulations, c'est dans le système nerveux central et dans l'intégration des sensations cénesthésiques (qui renseignent le cerveau sur la position et la vitesse de déplacement des membres, donc des articulations et des groupes musculaires) que l'on peut situer le siège de cette mémoire.

L'existence de la M.I.N.M. est indéniable; d'ailleurs, chacun a pu faire l'expérience de retrouver les mouvements à faire pour une activité (par exemple, la danse, le vélo, le patin, le ping-pong, etc.) à laquelle il n'avait pu se livrer depuis un bon moment. À titre de preuve supplémentaire, notons la difficulté, temporaire seulement, reliée au passage d'une activité de raquette à une autre. Jouez au tennis pendant une heure, au badminton pendant une autre, puis au ping-pong durant une troisième (si vous faites ces exercices l'un à la suite de l'autre, la démonstration sera plus probante, mais aussi plus exigeante), et vous constaterez qu'il faut à peine quelques minutes pour s'adapter à la longueur du manche de la raquette, à sa surface de frappe, aux dimensions de l'aire de jeu et, enfin, au jeu de pieds variant selon les exigences des déplacements – minimes et rapides pour le ping-pong, plus amples pour le badminton et encore plus grands pour le tennis. Sans oublier la grosseur et la vitesse relatives des différents projectiles!

Lorsqu'on pratique un sport, il est donc plus facile d'en maîtriser un autre du même type; citons comme exemple le passage des grosses aux petites quilles, ou du ski alpin au ski nautique ou à la planche à neige. Quant au patin à glace et au patin à roues alignées, leur ressemblance d'exécution (attention au freinage qui, lui, est différent) et la facilité du passage de l'un à l'autre permettent de maintenir la forme toute l'année; beau cas de mémoire croisée!

L'existence de cette M.I.N.M. est une bonne nouvelle pour nous, golfeurs nordiques, puisque la possibilité de retrouver rapidement les gestes appropriés est d'un grand avantage vu l'hiatus entre les saisons trop courtes, caractéristiques de notre climat.

La pratique devant un écran vidéo, en gymnase ou en espace plus vaste comme au Dôme[1] de Laval facilite grandement le recouvrement de la forme. Je ne saurais recommander l'un de ces exerciseurs au détriment des autres, car ils vous permettront tous d'améliorer votre élan par la répétition, certains même dans l'intimité même de votre foyer. De toute façon, si l'un ou l'autre était vraiment nuisible ou supérieur, cela se saurait...

En conclusion, disons que notre organisme est ainsi constitué qu'il peut intégrer assez facilement un modèle d'action motrice et en assurer la répétition de façon quasi automatique.

---

1. Le dôme est une structure gonflable qui permet de s'entraîner au chaud, même en hiver. L'aire peut atteindre près de 100 mètres de profondeur.

Malheureusement, selon les professeurs de golf, il est plus difficile de corriger les mauvaises habitudes. Certains en font même la base d'une approche pédagogique appelée *automatic golfing*. Corollaire à cette assertion: mémorisez... comme vous le faites en entrant des données dans votre ordinateur personnel.

GÉNÉRALISEZ, PARDI!

«Mon rêve, me disait un professeur de golf, serait de transformer un bon golfeur de terrain de pratique en un bon golfeur de parcours...»

Cette situation où l'apprentissage résiste au transfert de temps et de lieu n'est pas unique, au contraire. Qui n'a pas vécu ce drame de ne plus se souvenir, une fois devant l'auditoire, des paroles d'un discours cent fois répété, des données permettant la solution d'un problème face à une feuille d'examen ou, pis encore, des pas lors du spectacle de clôture d'un cours de danse?

Le transfert d'un apprentissage d'une situation à une autre et son inclusion dans une séquence de gestes répondent *grosso modo* à la définition de la notion de généralisation. J'essayerai dans les lignes qui suivent d'en préciser les éléments.

Je n'ai de cesse de répéter que les aspects technique, pratique et psychique constituent le trépied du jeu de golf bien maîtrisé. Ainsi, lorsqu'on souhaite refaire sur le terrain de golf les prouesses accomplies au champ de pratique, il est sage de garder ces trois points à l'esprit.

La technique

Assurez-vous de répéter de façon adéquate et d'intégrer la prise du bâton et l'élan (dans toutes leurs composantes). N'hésitez pas à suivre un cours si vous éprouvez de la difficulté avec une facette ou l'autre de votre jeu. Car le golf est un ensemble de gestes et de situations aussi différents que le coup d'envoi, le coup à partir d'une fosse de sable, les coups d'approche et le coup roulé, pour ne nommer que ceux-là. Oui, vous avez raison, je me répète...

La pratique

Il est bien démontré que la répétition de certains gestes provoque l'établissement d'une mémoire intégrative neuromusculaire (M.I.N.M.; voyez la section «Augmentez votre M.I.N.M.» pour plus de détails à ce sujet) et que cette mémoire a tendance à durer longtemps. Rappelez-vous simplement à quelle vitesse sont revenus vos bons coups lorsque vous avez joué au ping-pong, alors que vous n'aviez pas touché à une «palette» depuis des années. Souvenez-vous comment, lors d'une récente promenade à vélo, vous avez tenté (et probablement réussi, je vous le souhaite) de conduire sans tenir le guidon, comme dans votre jeune temps où vous disiez: «Regarde, maman, pas de mains...»

Il est cependant de la plus grande importance que les conditions d'apprentissage soient le plus semblables possible pour développer cette mémoire. Ainsi, et même si cela peut demander un effort supplémentaire, chaussez vos souliers de golf et mettez votre gant, si vous en portez un habituellement, lorsque vous allez au champ de pratique. Surtout, évitez de frapper, si c'est possible, à partir de «suces» en caoutchouc et d'un tapis vert synthétique lorsque vous êtes sur un terrain de pratique extérieur. Rien ne remplace les tees pour les coups de départ et le vrai gazon pour les coups de fer!

Le psychisme

Pour faire le lien entre la technique et la pratique, concentrez-vous. Si vous avez établi une routine (c'est une excellente façon de diminuer les risques de distraction lors de la préparation et de l'exécution), ne vous en écartez jamais. Visualisez chacun de vos coups comme si vous étiez vraiment en situation de jeu. Tout cela relève d'une logique élémentaire puisque c'est dans cette optique que vous investissez votre temps et vos efforts.

Dans le même esprit, n'hésitez pas à pratiquer les sorties de sable, les coups d'approche et les coups roulés, même s'ils ne sont pas aussi spectaculaires que les coups de bois 1. Vous verrez: ces moments de pratique vous donneront un bon retour sur l'investissement... Pour vous en convaincre, comptez le nombre de coups roulés que vous ferez lors de votre prochaine joute et vous constaterez à quel point il est rentable de consacrer du temps à l'entraînement. À noter que la précision sur les verts et autour de ceux-ci, encore plus que la longueur des coups de départ, est ce qui résiste le mieux au passage des années.

Un dernier mot: ne frappez pas vos balles comme si vous étiez un fusil-mitrailleur... Prenez une pause entre chaque coup, comme vous devez le faire durant une ronde sur un parcours. N'oubliez pas de commencer le réchauffement par des fers courts avant de toucher du bois, et terminez de façon inverse.

N'OUBLIEZ PAS VOTRE CORPS

«L'homme ne se nourrit pas seulement de pain.» Cette maxime bien connue a cependant son corollaire, qui pourrait être exprimé de la façon suivante: «L'esprit s'exprime mieux sur un support physique bien nourri.» Dès mes premières chroniques sur le facteur «psy» du golf, j'avais attiré l'attention sur l'importance de l'alimentation et, surtout, de l'hydratation pour celles et ceux qui s'adonnent à la pratique du golf.

Étant aussi un adepte de hockey, de balle molle et de sports de raquette, je constate régulièrement que le défi alimentaire est toujours de taille et qu'il varie d'une activité à une autre.

J'aime bien la liste des facteurs que suggère de considérer la diététiste-nutritionniste Marthe Côté-Brouillette. Selon elle, pour trouver la meilleure façon de se nourrir avant et durant une activité sportive, il faut considérer:

- le type de discipline sportive;

- le choix des aliments;

- la quantité des aliments;

- le temps d'absorption des aliments.

À ces facteurs, il faut ajouter l'âge et le poids de l'athlète. À part le golf, peu de sports peuvent vraiment être pratiqués par des gens âgés de 7 à 77 ans, et même encore plus vieux. On rapportait récemment le cas d'un centenaire qui suivait ses amis sur le parcours; il se déplaçait en voiturette, mais il frappait ses coups d'approche et exécutait ses coups roulés.

Qui plus est, on peut même contourner certaines maladies chroniques et certains handicaps pour jouer au golf. Ainsi a-t-on vu des personnes aveugles et d'autres amputées des deux bras disputer une bonne partie! Un joueur en fauteuil roulant a même été vu à la télévision américaine durant un récent *Skins Game Senior*. Au Québec, la lieutenant-gouverneur, madame Lise Thibault, fait de même avec un plaisir évident. Quant à monsieur Guy-Henri Godin, avocat bien connu pour son engagement dans la défense des droits des personnes infectées par le virus du sida et de l'hépatite B par transfusion sanguine, c'est un mordu du golf; ses béquilles ne l'empêchent nullement de s'adonner à son sport favori, et ce, avec une intensité au-delà de la moyenne…

De par sa nature, le golf est avant tout une longue marche, qui dure entre quatre heures et demie et six heures (dans le cas des fameux tournois où chacun joue sa propre balle…) sur une distance de huit à dix kilomètres, selon la longueur du parcours et des excursions que l'on fait en dehors des allées. De plus, les conditions climatiques, surtout pour les mordus, peuvent varier d'un soleil accablant à un temps de chien, c'est-à-dire avec vent et pluie. Quant à la température, elle peut faire osciller le mercure de 5 °C à plus de 40 °C! À chacun donc de mesurer ses besoins, plus en fonction de la durée du temps de jeu et de la distance à parcourir qu'à l'effort physique à déployer pour frapper la balle. De plus, le fait que le terrain soit plus ou moins accidenté constitue une incitation à marcher le parcours, visant ainsi la meilleure forme physique possible.

Voici quelques conseils généraux concernant l'hydratation et l'alimentation:

Hydratation: – boire peu avant la joute;

                    – boire régulièrement pendant la joute;

                    – éviter le café, les boissons gazeuses caféinées et l'alcool, car ils ont tous un effet diuré-tique. Ils peuvent donc favoriser une déshy-dratation incommodante.

Alimentation: – manger légèrement avant la joute;

                    – manger légèrement pendant la joute.

Allons dans les détails, maintenant. Si vous jouez tôt le matin, prenez un léger repas quelque temps avant le départ. Si vous jouez en après-midi, prenez un petit déjeuner copieux, puis un goûter plus léger avant la partie. Évitez les mets très sucrés car ils provoquent une sécrétion soudaine d'insuline, ce qui risque de se traduire, assez rapidement, par une baisse abrupte du taux de sucre sanguin. Entre les deux parcours de neuf trous, par exemple, buvez un verre de limonade légèrement sucrée et mangez des biscuits à base de céréales. En cours de partie, vous pouvez grignoter des carrés aux dattes, des dattes et des figues puisqu'ils contiennent un peu de sucre, lequel est absorbé lente-ment.

De la même façon, il est suggéré de bien s'hydrater, surtout par temps chaud. Une limonade fraîche légèrement sucrée ou une boisson du type «Gatorade», qui contient des électrolytes en plus du sucre, sont particulièrement indiquées. Certains leur préféreront des oranges ou des raisins frais. Dommage que notre saison de golf ne coïncide pas exactement avec celle des clé-mentines, aussi appelées fruits-bonbons...

Les conseils d'une diététiste

J'avais déjà écrit tout ce texte quand madame Louise Lambert-Lagacé a accepté de me fournir les conseils qui suivent et qui, Dieu merci, semblent confirmer ce que j'ai déjà avancé.

Cette diététiste bien connue nous incite à donner foi au pouvoir des aliments en tout temps et en tout lieu. Elle compare les aliments à des alliés qui assurent un bon niveau d'énergie lorsqu'ils sont bien choisis. Dans le cas du golf, un sport de longue durée, on peut les comparer à du carburant. Ainsi suggère-t-elle de:

♀ prendre un repas suffisamment riche en protéines et en fibres environ une heure avant le départ;

♀ bien s'hydrater tout au long du parcours;

♀ profiter des pauses pour tenir jusqu'au 19e trou.

Toujours selon madame Lambert-Lagacé, le repas qui précède une partie de golf est d'une importance capitale. Il doit contenir des protéines et des fibres pour maintenir une glycémie normale (taux de sucre dans le sang). Il prévient ainsi les «pannes sèches», qui peuvent s'avérer désastreuses pour un golfeur. Il n'est ni léger ni copieux, mais il est conçu pour un exercice de longue durée.

Voici quelques exemples:

♀ *Pour un départ le matin:* un fruit frais, avec du pain de grains entiers accompagné de fromage ou de beurre d'arachide ou encore de deux œufs pochés; un bol de yogourt et quelques noix feront aussi l'affaire, seuls ou accompagnés d'autres aliments.

♀ *Pour un départ l'après-midi:* des crudités ou une salade verte et un sandwich jambon-fromage, au saumon ou au thon, sur pain de grains entiers; ou une salade du chef (verdure, fromage, poulet, jambon ou crevettes) avec un petit pain de blé entier; ou une brochette de poulet avec riz et salade verte.

♀ *Pour les pauses:* «Les boissons et les aliments pris le long du parcours ne remplacent pas le repas du départ, mais ils donnent du tonus et permettent de se rendre jusqu'au 19e trou en pleine forme», nous rappelle la diététiste. On peut prendre une pause au milieu du parcours, surtout si le repas de départ était trop léger (voire inexistant) ou lorsque la partie décale l'horaire habituel des repas. Apportez des amandes, des mélanges de noix non salées, des cubes de fromage ou encore des Yops (boisson de yogourt et de fruits).

♀ *Les boissons et les aliments qui réhydratent et désaltèrent:* il faut en consommer toutes les heures, ou plus souvent lorsque la température est chaude et humide. Apportez des jus de fruits dilués avec de l'eau (moitié l'un, moitié l'autre) ou des boissons commerciales pour sportifs afin de refaire vos réserves d'eau et de potassium. Des fruits frais comme des quartiers d'orange et des grappes de raisin peuvent aussi désaltérer.

♀ *Certains aliments et certaines boissons ne rendent pas service, au contraire!* Les petits bonbons, le chocolat ne sont pas des alliés puisqu'ils causent une hausse rapide de la glycémie, vite suivie d'une baisse; l'énergie fournie est donc de courte durée et elle est suivie d'une sensation de fatigue. Le café, la bière et l'alcool ne sont pas recommandés puisqu'il s'agit de boissons qui déshydratent. Quant aux croustilles et aux craquelins, ils ne contiennent que du sel, du gras et des calories. Une fantaisie à conserver pour le 19e trou, si incontournable!

CHANCE ET HASARD

L'hypothèse de départ

Quelle part de chance y a-t-il dans une partie de golf? D'ailleurs, est-ce que les termes *chance* et *hasard* signifient la même chose en français? *Chance*, *luck* et *fluke* en anglais? On pourrait continuer ainsi à chercher dans la plupart des langues les mots qui désignent ce facteur plutôt intangible.

Prenons, par exemple, les jeux du casino, qu'on appelle aussi jeux de hasard. Y a-t-il une différence entre eux, au-delà de leur rendement habituellement programmé, donc prévisible? Oui, si l'on considère que les chances de battre le donneur au black-jack augmentent ou diminuent selon les cartes déjà sorties dans les cinq jeux[2] qui sont utilisés pour les donnes. On sait que les maisons de jeux ne se font pas grand scrupule de refuser à leurs tables les individus qui sont des «compteurs de cartes». Je n'ai jamais compris le rationnel justifiant cette attitude. Pourquoi, si

---

2. Le nombre de jeux varie de quatre à six selon les casinos.

quelqu'un parvient par la seule utilisation de son «mental» (car il ne s'agit pas d'une calculatrice sophistiquée, mais bien du «calcul mental» tel qu'on nous l'enseignait à la petite école lors de l'apprentissage des fameuses tables de multiplication, par exemple), se voit-il refuser de droit de se défendre contre cette machination visant à faire des sous pour la maison?

Reste qu'on peut avancer à partir de cet exemple qu'il y a moyen, au-delà du hasard, d'augmenter ses chances à certains jeux. Qu'en est-il du golf? À peu de chose près, c'est la même situation: si on a une bonne technique, si on utilise un équipement adéquat, si on pratique raisonnablement et si on adopte une bonne attitude mentale (concentration, application, contrôle de soi-même), on peut, il me semble, augmenter ses chances d'obtenir de meilleurs résultats.

Le corollaire de cette hypothèse

S'il y a une part de hasard dans le golf, qui explique les bonds favorables ou non et les trajectoires inhabituelles qui finissent quand même bien, il est sage de ne pas s'en remettre au seul hasard pour bien jouer. Adoptez une bonne attitude, ayez une bonne technique, utilisez des bâtons et des balles de bonne qualité, consacrez un minimum de temps à la pratique et il est plus que probable que le plaisir y sera par surcroît et que vous augmenterez vos chances de réussite. Bon golf!

SUPERSTITIEUX, LES GOLFEURS!

Certains d'entre nous se souviendront sûrement de Marcel Bonin, cet ex-joueur de hockey du Canadien de Montréal, qui, un soir, avait joué «haut dessus de sa tête» alors qu'il portait les gants de Maurice Richard. C'est lui-même qui avait fait le lien entre sa performance et l'utilisation de l'équipement du «Rocket» de façon convaincue et convaincante, lorsqu'il s'était adressé aux journalistes ébahis venus l'interroger après la joute. Je me souviens aussi de mon fils Jean-Yves à qui nous avions acheté, vers l'âge de quatre ans, des souliers de course neufs avec la silhouette du Surhomme sculpté dans la semelle: «Regarde, papa, comme ils courent vite, ces souliers-là!» avait-il lancé, triomphant, en tournant «sur les chapeaux de roues» le coin de la rue.

De fait, la confiance en son instrument joue un rôle important dans les performances, tant chez les athlètes que chez les musiciens, par exemple. Il s'agit là d'un phénomène bien connu. En est-il de même des golfeurs? Sont-ils plus rationnels que Patrick Roy, dont on dit qu'il parle à ses poteaux et qui, depuis quelque temps, oblige ses coéquipiers à venir lui «donner du casque protecteur» à la fin de chaque partie? Probablement pas, puisque maints golfeurs ne jouent qu'avec une balle portant tel ou tel numéro et que les fabricants d'équipements misent sur le pouvoir de séduction des noms (Killer Whale, Big Bertha, Boum Boum Boum pour les bâtons et Titlest, Top Flite, Magna et Bullet pour les balles) pour séduire la clientèle. Et, ne serait-ce que grâce à l'effet «placebo», cela semble fonctionner... du moins en ce qui concerne les ventes! J'allais oublier ces joueurs qui parlent à leur balle une fois qu'elle s'est envolée. «Arrête!», «Roule», «Pas dans le bois!» et autres injonctions sont régulièrement entendues sur les parcours.

Il faut, bien sûr, faire la différence entre une habitude, une routine et une superstition, cette dernière établissant un lien entre une pensée, un geste, une parole et le résultat. Il peut être positif – se croiser les doigts, toucher du bois – ou négatif – conjurer le mauvais sort en se signant de la croix ou comme faisaient, dans les bonnes années de la lutte au Forum de Montréal, les incomparables frères Togo, qui lançaient du sel aux quatre coins de l'arène avant chacun de leurs combats prétendument pour chasser les mauvais esprits. Il semblerait que de tels rituels se déroulent encore avant les combats de sumo. Au fait, à bien y penser, si les mauvais esprits sont vraiment chassés des lieux, ne le sont-ils pas aussi pour les adversaires?

Le summum de la superstition dans le sport: ce huard en provenance d'Edmonton et placé dans la surface glacée du Ice Center de Salt Lake City lors des derniers Jeux olympiques d'hiver. A-t-il eu une influence sur le résultat des matchs mettant aux prises les États-Unis et le Canada? Deux médailles d'or, olé! Aux mêmes Jeux, n'y a-t-il pas eu un *bobber* qui a collé, à l'intérieur de son casque protecteur, la photo de son grand-père, décédé dans un accident de la circulation quelques jours auparavant? De même, plusieurs verront dans les mascottes des équipes sportives un rôle de porte-bonheur, tout comme certains l'accordent à la patte de lapin ou d'iguane, aux médailles et aux talismans de toute sortes.

Donc, par ces superstitions et ces rituels, bien des gens visent à conjurer le mauvais sort et à mettre toutes les chances de leur côté; en somme, ils essaient de maîtriser l'avenir dans le sens souhaité. L'observation et la raison nous portent pourtant à conclure que, de façon générale, les superstitions sont malheureusement aussi inefficaces et non fondées qu'inoffensives, heureusement d'ailleurs, n'en déplaise aux adeptes du vaudou et de la magie, blanche comme noire!

Tout ça pour dire qu'il vaut mieux pratiquer ses coups pour bien jouer que de s'en remettre aux superstitions! Voici des suggestions de routine qui valent bien des gestes superstitieux!

Le coup roulé

Le fer droit (*putter*) est le bâton le plus souvent utilisé durant une partie de golf, de là l'importance d'investir temps et efforts pour en maîtriser l'utilisation et améliorer le pointage de ses parties. La crainte de rater un coup roulé peut être diminuée par un rituel (non superstitieux!) en trois points, qui permet de diviser en séquences distinctes les gestes à faire. Une fois les calculs de la trajectoire de la balle et de la force de frappe effectués, on peut mentalement se dire:

♀ recul du bâton (élan arrière);

♀ contact avec la balle (élan avant);

♀ roulement de celle-ci jusqu'au trou (avec espoir qu'elle y tombe).

Dans la tête, cela devient: **ARRIÈRE – FRAPPE et ROULE** ou plus simplement: **UN – DEUX – TROIS.**

Le fait de se concentrer sur ces trois mots diminue les risques de voir la tête du bâton frotter le gazon ou, guère mieux, toucher le dessus de la balle. Un dernier avantage réside dans le fait d'intégrer, à chaque coup roulé, le rappel de la fameuse nécessité de frapper de façon que la balle se rende au trou, selon l'adage anglais difficilement traduisible *never up, never in*…

Le choix du bâton

D'habitude, le choix du bâton approprié pour l'exécution d'un coup ne pose pas de problème. Cependant, il peut arriver qu'après avoir pris un bâton du sac, on se mette à hésiter, à douter de la justesse de sa décision. Selon mon expérience, il est fréquent que le coup suivant soit raté, et ce, que l'on ait gardé le bâton choisi ou qu'on en ait sélectionné un autre. La raison: l'indécision a probablement influencé l'exécution du coup.

La solution que je propose est de tout annuler et, dans son esprit, de «remettre le compteur à zéro». Ainsi, une fois que vous avez remis le bâton dans le sac, refaites l'analyse des données sur lesquelles vous allez fonder votre décision et n'allez vers votre sac qu'après avoir fait un choix définitif. C'est à ce moment qu'un geste rituel peut être utile pour faire le vide, par exemple, tourner le dos au sac, en faire le tour, claquer les talons l'un contre l'autre, etc. Inventez le vôtre et dites adieu à la tergiversation…

VIVE LA JEUNESSE!

Force est de constater que le nombre de golfeurs pratiquants augmente de façon importante depuis quelques années. Deux sous-groupes en particulier sont responsables de cette croissance: les jeunes et les personnes de 55 ans. Et les femmes comptent pour près du tiers des nouveaux arrivants.

J'ai donc pensé qu'il serait important de regarder de plus près à quels problèmes de la lignée «psy» ces joueuses et joueurs de la jeune vague doivent faire face et, si possible, d'élaborer des stratégies facilitantes dans la perspective déjà précisée que la technique, la pratique et le psychique constituent le trépied du golf. Même si les remarques qui suivent s'adressent en particulier aux plus jeunes, elles pourraient être utiles à toute personne qui souhaite s'initier à la pratique du golf.

Parmi ceux qui commencent à s'élancer sur les tertres de départ, à parcourir les allées et à préparer en silence leurs coups roulés sur les verts, il y a donc beaucoup de jeunes, surtout des garçons mais aussi des filles. Comment expliquer cet engouement nouveau? Plusieurs facteurs peuvent être avancés. Le premier est la plus grande accessibilité, tant géographique que financière, à ce sport, et le deuxième, la disparition progressive du préjugé qui voulait que le golf soit un sport de «petits vieux riches».

Un troisième, et non le moindre, est l'apparition de vedettes «hâtives» comme Eldrik Woods et Sergio Garcia. Ce dernier, natif de la péninsule ibérique, a remporté à 24 ans le premier tournoi de l'année 2002, le Mercedez, en éliminant en prolongation David Toms, qu'il avait rattrapé avec une ronde finale de 64. Et que dire de Tiger qui, à 26 ans, a déjà réalisé l'impossible exploit de détenir en même temps les quatre couronnes du grand chelem!

Il y a eu d'autres golfeurs extraordinaires: Nicklaus, Palmer, Player, pour ne nommer que ceux-là; cependant, aucun d'entre eux n'avait eu à affronter, tournoi après tournoi, une brochette aussi relevée d'excellents golfeurs. Ces jeunes golfeurs sont d'une telle trempe que, lorsque Tiger saute un tour, presque n'importe lequel des 50 poursuivants peut finir en tête. Et dire qu'il y a quelques années, tout le monde affirmait que ce n'était que vers 35 ans ou même 40 qu'un joueur atteignait sa maturité!

Par ailleurs, le golf est l'une des rares activités physiques avec laquelle il est possible de prendre de l'âge allègrement. Mon père, qui a 85 ans, est encore capable de bien se défendre sur un parcours de golf: il frappe moins loin, c'est sûr, mais en revanche, il frappe plus droit et ne se retrouve plus aussi souvent en difficulté…

Quels problèmes risque donc d'éprouver un jeune qui commence à jouer au golf? Le premier est la conviction que son talent au base-ball, au hockey ou à un autre sport sera automatiquement transféré au golf. Le second, c'est de penser qu'il peut apprendre tout seul. Ai-je besoin de rappeler que le jeune âge est propice à cette attitude de «toute-puissance» et que peu d'individus y échappent?

Les solutions à ces problèmes sont plutôt simples. Un jeune, surtout s'il pratique un autre sport «de frappe», devrait se rendre compte qu'il transporte non seulement son talent, mais aussi des habitudes différentes de celles que demande le golf. Combien de professeurs de golf rêvent de trouver une méthode pédagogique miracle permettant de transformer un «cogneur» en «*swinger*»? L'élan au base-ball n'est pas le même que l'élan au hockey et au golf…

Voici un remède spécifique presque garanti: suivre des cours le plus tôt possible. C'est la meilleure façon d'éviter que de mauvaises habitudes s'incrustent et qu'il soit très difficile, sinon impossible, de les corriger quelques années plus tard. On déconseille toutefois d'initier les enfants au golf avant l'âge de sept ans. Une règle simple peut vous guider en ce sens. Jusqu'à cet âge, permettez à votre enfant de n'utiliser que le fer droit (*putter*); il appréciera, par exemple, vous accompagner sur un terrain de mini-golf. Si vous avez la corde parentale sensible ou encore que le rôle de grands-parents vous sied si bien que vous ne reculiez devant rien pour combler vos petits-enfants, alors amenez-les au Rigolfeur. Si les ondées soudaines et les gadgets de plus ou moins bon goût ne vous répugnent pas, sachez que les enfants en raffolent et en redemandent. Je vous préviens, il faut à un adulte normal une bonne dose d'abnégation pour se retrouver à *putter* avec un fer droit dont la tête a la forme d'une banane…

Après le fer droit, suivez la règle du «sept et plus», qui consiste à ajouter progressivement un bâton à chaque anniversaire. Ainsi, à sept ans, l'enfant jouera avec un fer droit et un fer 7 ou 8, auxquels s'ajouteront les fers plus longs et plus courts en alternance. L'initiation aux bois n'est pas suggérée avant l'âge de 11 ans et même 12 ans. De toute façon, c'est l'acquisition d'un élan correct et d'un bon sens de la direction qui prévaut sur la distance au début de l'apprentissage.

Surtout, faites du golf une partie de plaisir, tant pour vous-même que pour vos jeunes. Et puis, quelle belle occasion de passer du temps avec eux!

LE GOLF, UN RÉVÉLATEUR

On aurait, semble-t-il, emprunté à la sagesse chinoise le proverbe suivant: «Ne juge pas quelqu'un avant d'avoir marché au moins une heure dans ses chaussures...»

Une façon plus moderne de connaître quelqu'un, sans chausser ses souliers, serait peut-être de jouer une partie de golf avec lui. Le golf implique une série de situations et d'interactions mettant à l'épreuve les caractéristiques propres au tempérament de chaque individu. Il entraîne une série de comportements et de réactions susceptibles d'en révéler autant, sinon plus, sur une personne que certaines épreuves projectives visant à analyser sa personnalité.

C'est d'ailleurs ce qu'affirmait, quelques minutes avant le Super Bowl de janvier 1995, Marv Levy, entraîneur dans la National Football League, à un commentateur qui lui demandait si le football «bâtissait» le caractère des jeunes: «Non, de répondre l'instructeur des Bills, il le révèle...»

Le golf peut aussi servir à mieux se connaître (malgré les aléas de l'autoanalyse...). Il peut enfin permettre de modifier certaines façons d'agir qu'on ne désire pas maintenir et qui sont aussi indésirables pour les autres.

Comme ce sport attire maintenant un échantillonnage assez représentatif de la population en général, il me paraît possible de décrire quelques types de golfeurs parmi lesquels chacun risque d'identifier des amis et, qui sait, peut-être même de se reconnaître... Je ne prétends pas cependant faire avancer ici la science de la caractérologie (vous savez, celle qui parle des sanguins et des lymphatiques...), qui remonte à la Grèce antique. Je vous fais part tout de même de quelques observations.

Le prétentieux

Dès sa descente de voiture, laquelle sera garée ostensiblement et habituellement hors des zones permises, il raconte ses exploits récents (aucun témoin disponible...), fait étalage de son équipement dernier cri et critique l'état du parcours, avant même d'avoir frappé sa première balle.

Le frénétique

Il a hâte, il est pressé et... souvent en retard. Les verts de pratique ne l'ont jamais vu et personne ne joue assez vite pour lui. Il est de ceux qui traînent avec eux leur téléphone cellulaire et qui s'impatientent devant le groupe précédent, toujours trop lent à leur goût. Paradoxalement, il lui arrive souvent de s'accrocher les pieds au 19e...

L'optimiste

«Il aurait pu faire moins beau», dit-il en arrivant, même si la température est telle que vous songez à instaurer le port du gant de golf aux deux mains et à troquer la casquette contre la tuque. «Elle aurait pu tomber dans l'eau», se console-t-il en voyant sa balle dans une fosse de sable. Généreux, bon vivant, il concède à ses partenaires comme «gimmie[3]» toute balle à moins d'un mètre de la coupe.

Le dilettante

Pour lui, le golf est avant tout une occasion de marcher en bonne compagnie dans un décor agréable. La performance est secondaire et une balle dans le bois est une occasion de cueillir des fraises en juin, des framboises en juillet, des bleuets en août et des champignons en septembre et en octobre. Il a inauguré l'habitude du double 19e trou dont la première partie se joue entre le 9e trou et le 10e! Même s'il meuble les cauchemars des préposés au départ, il reste un partenaire distrayant, sauf lorsqu'on est du type «frénétique».

---

3. Un «gimmie» est une balle que l'on concède comme ayant rejoint le fond de la coupe, à un partenaire de jeu, ce qui, tout en accélérant le jeu, lui évite de se pencher bien bas pour cueillir sa balle. Cette expression viendrait de la déformation de l'expression anglaise *give me*. On décrit aussi ce genre de politesse comme une balle *within the leather*, en référence au temps où la prise des bâtons était fabriquée en cuir. On donnait donc pour réussie toute balle à plus ou moins 20 cm de la cible.

Le tricheur

Bizarrement, même s'il peut compter jusqu'à 1 000 et, par cœur, revenir à zéro par bonds de 7, lire et comprendre des rapports financiers où s'alignent les données en millions, il a de la difficulté sur un terrain de golf à retenir un compte de 6 ou 7 pour plus de 10 minutes. Et, à l'encontre des pêcheurs du même type, c'est à la baisse plutôt qu'à la hausse que ses résultats se trouvent modifiés. Il peut s'agir de son seul défaut comme d'une attitude civilement déviante plus globale: oubli de vous remettre votre pièce de monnaie avec laquelle il a marqué l'emplacement de sa balle, départ précipité lorsque vient son tour de payer une tournée, etc.

La prise de conscience

Heureusement, les golfeurs appartenant aux types énumérés ci-dessus (sauf pour l'optimiste) n'existent que dans un nombre limité d'exemplaires! Il est souhaitable de les éviter si l'on espère jouer une partie agréable. Si les «frénétiques» ont tendance à se corriger avec les années, les «prétentieux» et les «tricheurs», eux, montrent une forte tendance à la permanence, voire à la dégradation, bien que leur cas ne soit pas désespéré. C'est la prise de conscience qui leur paraît difficile.

Au-delà de cet exercice typologique humoristique, je prétends qu'on peut en apprendre aussi sur soi-même en écoutant ce que les autres disent de nous comme joueur de golf.

Ainsi, au golf professionnel, on utilise une foule de qualificatifs pour décrire les joueurs. On dira d'un tel qu'il joue du golf solide et consistant. On ajoutera qu'il est régulier et que, comme membre d'une équipe, il est fiable. D'un autre, on parlera de son imagination, de son élégance ou de son sens du spectacle (*show man*) et de son charisme. Que dire de ceux qu'on accuse de courir des risques (*gambler*), de succomber à la pression (*choker*) ou encore de n'être à l'aise que sur leur propre terrain (*homer*) ou, paradoxalement, seulement sur d'autres parcours alors que la foule «n'est pas derrière eux»! On pourra caractériser un tel par sa puissance, un autre par son calme et un dernier par son attitude décontractée. Et comment ne pas conclure cette liste sans mentionner ceux qui ont du flair pour les bourses importantes (*money players*) et qu'on ne retrouve pas seulement sur les circuits professionnels? Leurs victimes les appellent gentiment les «requins» du golf.

Cette réflexion sur le golf comme lieu d'observation privilégié du comportement humain peut-elle permettre une quelconque conclusion? Peut-être.

Personnellement, je soutiendrai volontiers que, si l'on peut dire:

«Dis-moi ce que tu manges et je te dirai qui tu es»;

«Dis-moi qui tu fréquentes et je te dirai qui tu es»;

«Dis-moi qui tu lis et je te dirai qui tu es»;

on peut aussi affirmer:

«Dis-moi comment tu joues au golf et je te dirai qui tu es!»

Le masculin a été utilisé sciemment. Mon expérience limitée ne me permet pas d'affirmer hors de tout doute raisonnable que cette typologie puisse franchir allègrement la barrière des sexes.

JOUEZ LONGTEMPS, TRÈS LONGTEMPS!

La demi-vie de pratique d'un joueur de golf est d'environ trente années. En effet, on compte peu de joueurs de moins de vingt ans et pas beaucoup de plus de quatre-vingts ans.

D'ailleurs, c'est à cinquante ans, donc à mi-chemin, que la PGA[4] a fixé l'âge d'entrée dans le circuit *senior*. Pourquoi s'intéresser à cet âge? Parce que de plus en plus de gens commencent, continuent ou recommencent à jouer au golf après cinquante ans, dont un nombre croissant de femmes.

Plusieurs aspects de la pratique du golf par les aînés touchent plus particulièrement la motricité et le psychisme. Que faire, ne pas faire ou ne plus faire? Comment le faire? Voici quelques suggestions qui vous aideront à répondre à ces questions si vous avez dépassé le cap de la cinquantaine.

♀ Ne jouez pas lorsqu'il fait très chaud; si vous tenez toutefois à le faire, prenez soin de bien vous hydrater (lire à ce sujet la section «N'oubliez pas votre corps»).

---

4. Professional Golf Association.

♀ Évitez l'alcool et soyez prudent avec la caféine car, bien que cette dernière soit stimulante, elle est aussi diurétique.

♀ Ne jouez que neuf trous si vous souffrez de courbatures tenaces après une partie complète ou encore si la fatigue vous envahit durant le neuf de retour.

♀ Ne jouez pas immédiatement après avoir pris un repas copieux.

♀ N'arrivez pas au club à la dernière minute.

♀ Prenez le temps de frapper quelques balles avant la partie, en commençant par vos fers courts, pour allez vers vos bois, puis terminez avec les fers courts. C'est ce que font les pros.

♀ Prenez soin de faire des exercices d'assouplissement avant de vous élancer au champ de pratique ou du tertre de départ du premier trou si, malheureusement, vous n'avez pas pu faire un réchauffant détour par le champ de pratique.

♀ Évitez de faire référence aux performances de «votre jeune temps», à moins d'être entre amis. Et, encore là, prenez garde: ils ont peut-être bonne mémoire!

♀ Portez toute votre attention à votre jeu afin de rester concentré, car vous pouvez vous laisser distraire aussi facilement que lorsque vous étiez «jeunesse»!

♀ Ne tentez pas de frapper loin: prenez un bâton d'un numéro ou deux inférieurs et frappez plus droit avec le même résultat et avec un effort moindre.

♀ Comptez tous vos coups; après tout, c'est à soi-même qu'on se mesure (et qu'on ment) au golf. Et c'est tellement plus agréable pour ses partenaires!

Quant à la motricité, voici quelques suggestions pratiques pour favoriser la mise en forme. Commencez par des exercices pour le cou et continuez en descendant le long de votre tronc:

1) Rotation de la tête;

2) Rotation des épaules, d'abord avec les mains derrière la tête, puis avec les bras repliés sur la poitrine;

3) Rotation du bassin avec les mains sur les hanches, puis les mains tenues ensemble derrière le dos et le tronc incliné vers l'avant;

4) Flexion du tronc, les mains pointées vers les orteils (aucune obligation de les toucher...);

5) Flexion des genoux, les pieds à plat et les bras étendus vers l'avant.

Le golf constitue un bon stimulant et une motivation intéressante pour améliorer et conserver une bonne forme physique. Aussi, n'hésitez pas à répéter ces exercices entre vos parties. Faits en piscine, ces mouvements sont plus faciles et tout aussi efficaces. Allez-y à votre rythme; commencez doucement et, surtout, soyez constant. Un peu d'effort chaque jour vaut mieux qu'une «bourrée» par semaine! Vous éviterez ainsi les blessures qui, il ne faut pas se le cacher, risquent de prendre de plus en plus de temps à guérir avec les années. La prévention vaut bien des remèdes.

SEXISTE, LE GOLF?

Au-delà de l'acronyme sexiste et de mauvais goût «GOLF: Gentlemen Only. Ladies Forbidden»…, il faut dire que la pratique du golf a été, de ses origines jusqu'à récemment, réservée surtout aux hommes. Depuis quelques années, toutefois, cette situation change, et ce, de façon radicale et irréversible.

Ce n'est pas avant d'avoir appris qu'il y a maintenant dans la région de Toronto un club de golf réservé aux femmes (Ladies Golf Club[5]) que j'ai décidé de vous livrer mes réflexions sur la question du sexisme au golf.

Douce vengeance que ce club féminin, me direz-vous, pour toutes celles qui, pendant des décennies, ont eu «leur» journée des dames et ont dû vivre avec l'interdiction de jouer avant midi le samedi. Il existerait encore des clubs québécois dont certaines parties des balcons seraient toujours réservées aux hommes seulement. Autre signe éloquent d'un sexisme ancien: ce n'est que récemment que certains clubs ont installé des vespasiennes transportables sur leur parcours, tenant compte ainsi des

---

5. On rapporte même qu'il y a un stationnement réservé aux hommes un peu à l'écart de l'autre…

différences anatomiques fondamentales qui rendent difficile aux dames le soulagement facile et discret d'une certaine envie…

Oui, la situation a changé! Le nombre de femmes, de tous âges, qui choisissent le golf comme sport ne cesse de croître et la tendance devrait se maintenir.

De 1980 à 1990, le nombre de golfeurs a augmenté de plus de 20 %; pendant la même période, la proportion des femmes serait passée de 20 % à près de 34 %. Il y a maintenant au Québec au moins trois femmes professionnelles en titre d'un club de golf: Verna Glaude, du Club des Deux-Montagnes, Josée Pérusse, du Club Asbestos, et Danièle Nadon, du Club Chaudière d'Aylmer. On peut aussi entendre une commentatrice sur le réseau de télévision américain NBC lors de tournois américains masculins majeurs.

Une tendance parallèle: la pratique du hockey sur glace par les femmes, sport jusqu'à maintenant «territoire masculin». Après avoir vu Manon Rhéaume au camp d'entraînement des Lightning de Tampa Bay, on assiste à une montée significative de l'intérêt pour le hockey féminin. Et que dire de la performance des filles dans le film *Les Boys III*?

Mais des relents de sexisme se font encore sentir… Le légendaire club de golf Augusta National résistait encore, au moment d'écrire ces lignes, à diverses pressions visant la possibilité que des femmes deviennent membres. Voici une anecdote qui témoigne de la persistance du sexisme au golf. Alors que ma compagne et moi jouions récemment en compagnie d'un autre couple, le quatuor qui nous suivait ne cessait de nous «pousser». Pourtant, la lenteur du jeu avait son explication réelle dans la lente cadence du groupe qui nous précédait et qui, en l'occurrence, était composé de quatre hommes. Voilà que le patrouilleur s'amène vers nous à leur demande et invite ma compagne à accélérer. Et, pour en remettre, il vient ensuite me dire, le plus sérieusement du monde et avec un air entendu: «J'ai averti votre femme de jouer plus vite.» Le pauvre, s'il avait su qu'elle aurait pu lui faire perdre son intégrité masculine machiste…

Le préjugé voulant que ce soit les femmes qui retardent le jeu avait donc doublement joué: d'abord chez le quatuor qui nous suivait (qui, curieusement, comptait aussi une femme), puis chez le patrouilleur qui, après avoir trouvé «sa coupable», s'est fait un devoir de me mettre au courant du fondement de son intervention. Les jeunes utilisent le mot *twit* pour décrire ce genre de personnage.

Imaginons maintenant le scénario suivant: il est quatorze heures et un homme s'amène «seul» au tertre de départ du premier trou d'un club public, où deux ou trois hommes s'apprêtent à frapper leur coup d'envoi. «Puis-je me joindre à vous?» demandera-t-il. Leur réponse risque fort d'être affirmative. Transformons maintenant le joueur solitaire en joueuse. Quelle sera la réponse? Il est possible qu'on ne le sache jamais tellement il est peu probable qu'elle ose demander…

C'est dans ce contexte qu'une golfeuse prénommée Catie a choisi, il y a quelques années, de contourner le problème en instaurant un service téléphonique qui permettait aux femmes jouant seules de planifier leur semaine dès le dimanche en se regroupant et en réservant des temps de départ dans divers terrains. Et vive le covoiturage!

Par ailleurs, faut-il voir dans la différence des distances une marque de sexisme? Je ne le crois pas car, même pour les hommes, il y a différents points de départ et rien n'empêche une joueuse qui le décide de frapper sa balle à partir de marqueurs blancs ou même des bleus. On a vu encore en 2001 les femmes de la LPGA[6] tirer les marrons du feu devant des hommes de la

---

6. Ladies Professional Golf Association.

PGA[7] et de la SPGA[8], dans une compétition où la différence en verges, attribuable à la seule puissance musculaire plus grande habituellement chez les hommes, avait été compensée par un positionnement différent des tertres de départ. Et comme pour me donner un argument de plus pour encourager les dames à jouer au golf longtemps, ce sont les *seniors* qui l'avaient emporté lors d'une précédente confrontation de même type.

Depuis que je me suis exprimé une première fois sur le sexisme au golf, feu le journaliste Robert Duguay a produit une série d'articles où il aborde le sujet par le biais de la sous-représentation des femmes aux divers échelons des organisations sportives amateurs, tant locales que provinciales ou nationales. Il y fait notamment l'historique de la présence des athlètes féminines et, dans la plupart des sports y compris le golf, il nous montre que celles-ci y ont effectivement accédé relativement tardivement.

Quoi qu'il en soit, la féminisation du golf est bien réelle et, même si ce phénomène exige des modifications d'attitudes de la part de la gent masculine, on ne peut y voir que des avantages.

Et si on souhaite éviter qu'il y ait bientôt des veufs du golf, pourquoi ne pas jouer en couple? À moins, bien sûr, que, comme pour les rallyes automobiles, il s'agisse là, pour certains partenaires de vie, d'une situation susceptible de mettre en péril l'équilibre conjugal!

---

7. Professional Golf Association.
8. Senior Professional Golf Association.

POUR UN GOLF ÉCOLOGIQUE

J'entends déjà vos remarques (à moins que ce ne soit vos pensées que je lise…): «Il suit la mode, il y va d'un chapitre vert, d'un chapitre écolo.» Non, ce n'est pas, consciemment en tout cas, une question d'être à la mode.

À l'hiver 1992, alors que je revenais de Hollywood (Floride), où j'étais allé suivre un traitement intensif contre mes malaises de sevrage de golf, malaises qui, comme cela vous est sûrement déjà arrivé, allaient croissant depuis que j'avais remisé mes bâtons à l'automne précédent, l'idée d'appliquer une visée écologique au golf m'est venue.

L'Eco Country Club, un parcours de neuf trous de type *executive*, se distingue par ceci que ses allées, qui totalisent 1800 mètres, entourent et camouflent l'usine d'épuration des eaux usées de la municipalité de Hollywood. Connaissez-vous une installation moins esthétique que celle-là? De plus, alors qu'on s'apprêtait à cette époque à agrandir l'usine, on proposait d'allonger le parcours, proposition qui ne soulevait aucune protestation ni manifestation de qui que ce soit. De quoi faire rêver les autorités administratives et les citoyens de la municipalité d'Oka, qui ont connu les déchirements humains et «agricoles» que l'on sait il y a quelques années!

Ce mariage entre des préoccupations récréatives et une conscience des besoins environnementaux me paraît tout à fait heureux. Et comme la plupart des terrains de golf se trouvent dans des lieux enchanteurs, promoteurs, propriétaires et joueurs devraient continuer de se préoccuper de l'impact de leurs activités sur l'environnement. Comme tout autre citoyen, ils font partie du milieu dans lequel ils évoluent. Ils s'influencent mutuellement. Ainsi, l'aménagement d'un parcours de golf à même un bois, un marécage ou une terre agricole requiert une approche respectueuse des arbres pour le premier, de la faune pour le deuxième (les propriétaires d'un parcours floridien de ce type se sont même retrouvés récemment devant les tribunaux pour avoir passé outre aux recommandations d'un comité de protection de l'environnement...) et de l'ensemble des terres environnantes pour le dernier.

De plus, l'entretien des terrains de golf pose le problème de l'utilisation de divers produits chimiques (engrais, herbicides et insecticides) pouvant se retrouver dans l'environnement, plus précisément dans la nappe phréatique. Heureusement, depuis quelque temps, on semble faire des efforts pour régler ce problème. À preuve, le parcours de golf de Montebello s'est soumis, il y a quelques années déjà, aux exigences «vertes» de la Société Audubon en utilisant des fertilisants et des herbicides biodégradables. Ainsi, les optimistes, dont je suis, voient là une preuve de la conscience accrue des citoyens, du rôle de chacun, donc de tous, dans la conservation évolutive du milieu de vie.

«Et le côté psychologique là-dedans?» me demanderez-vous. Eh bien, il est dans l'interaction entre le respect du milieu et la recherche d'une détente et d'un bien-être que nous essayons de trouver dans la pratique de ce sport, loin du stress du travail, loin des soucis du quotidien. Comme je me plais à le répéter, le golf devrait être vu comme un antistress, donc comme un outil d'écologie psychosociale.

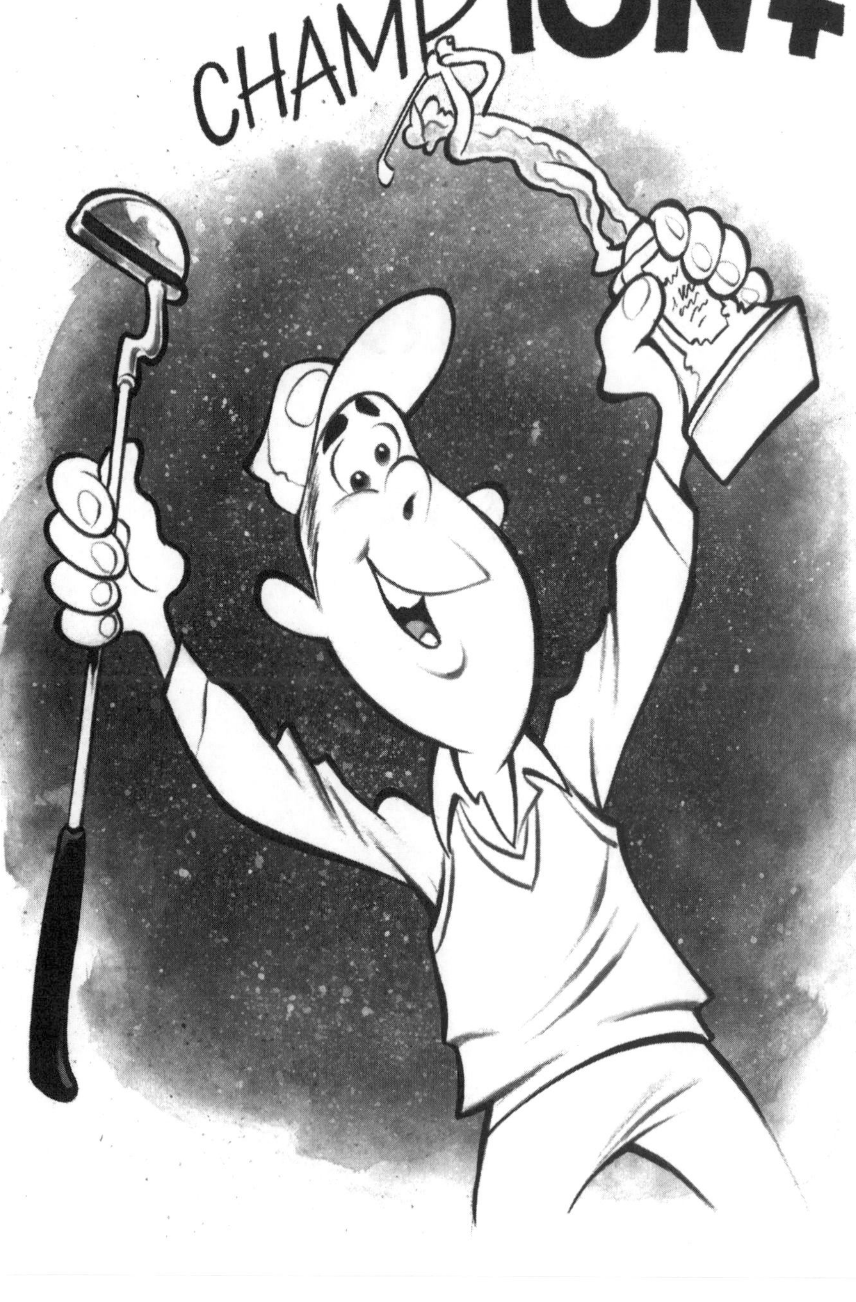
CHAMPION+

POUR UNE MEILLEURE CHIMIE AU GOLF

Que ce soit lorsqu'on parle de la qualité de l'arrimage affectif de deux individus en termes d'atomes crochus ou que l'on attribue une cote à la qualité de l'air d'un environnement de travail en parlant d'«ions positifs» ou d'«ions négatifs», il est vraiment question chaque fois de petites choses. Le golf n'y échappe pas et, comme le civisme, il peut être vu lui aussi comme le résultat d'une foule de petits riens.

Je me suis donc amusé, espérant que vous en ferez autant en me lisant, à définir quelques mots qui se terminent en «ion» et qui s'appliquent assez justement au golf. Ce lexique n'est sûrement pas exhaustif, mais il peut permettre d'analyser le rapport de chacun avec certaines des caractéristiques du golf.

Absolution

Geste généreux, aussi appelé «Mulligan», du David du même nom qui, au début du XXe siècle, a inventé cette indulgence maintenant très répandue. À l'origine, on raconte que ses compagnons de jeu, qu'il véhiculait de Montréal à Saint-Lambert au Country Club de Montréal, l'excusaient si son coup de départ sur le premier trou (seulement…) souffrait trop des effets des soubresauts de la conduite sur le tablier de madriers de bois du pont Victoria reliant l'île de Montréal à Saint-Lambert où ils étaient membres du club renommé.

Adaptation (capacité d')

Caractéristique de la personne qui peut facilement continuer de se comporter de la même façon en dépit d'éléments changeants dans son environnement. Au golf, cette aptitude est particulièrement importante puisque la géographie des parcours varie énormément: longueur et largeur des allées, accidents divers, état et régularité de la surface des verts, notamment. De plus, des éléments météorologiques comme la température de l'air, la vélocité du vent de même que la pluie s'ajoutent parfois, même durant une partie. Ainsi, la rosée du matin sur les premiers verts et le sable plus ou moins détrempé des fosses après une ondée peuvent compliquer de façon importante le déroulement d'une partie. La capacité de répéter en d'autres temps, lieux et circonstances les bons coups s'appelle «généralisation», un atout à n'en pas douter!

Addiction (accoutumance)

Problème psychophysiologique d'un individu qui développe une habitude dont il devient esclave. Bien que l'agent causal soit habituellement de nature chimique et qu'il implique l'activité neurophysiologique du cerveau, il peut arriver qu'il prenne la forme d'une activité physique pouvant provoquer, en cas de privation, de douloureux symptômes de sevrage. Certains pointent du doigt les endorphines, hormones apparentées aux opiacées et que le cerveau serait à même de produire. C'est ainsi que le golf, tout comme la philatélie, l'entomologie et les jeux de hasard, peut transformer l'être le plus sage en bête passionnée...

Application

Même si elle peut «s'appliquer» à plusieurs situations d'apprentissage (rappelez-vous les remarques de votre mère quand vous étiez négligent dans l'exécution de vos devoirs...), cette attitude est très utile en situation de jeu au golf. Il faut recourir à ce proche parent de la concentration, dont il est dépendant, chaque fois qu'on est tenté par le relâchement, la démission ou l'abandon. Ne pas s'appliquer, c'est risquer de rater deux, trois et même quatre sorties de sable de suite. J'ai déjà vu un joueur de calibre A être emporté par la frustration et expédier à la queue leu leu quatre balles «hors limites» sous l'emprise de la frustration et par manque d'application.

Autoflagellation

Cette activité, toute stimulante qu'elle soit, est plus indiquée dans les saunas norvégiens où on se fouette avec des rameaux de bouleau ou d'autres feuillus non résineux après une trempette dans les eaux glacées du ruisseau voisin. Bien sûr, on peut «se parler» à la suite d'une erreur de jugement, d'une faute d'attention ou d'un coup fortuit de *foot wedge*. Cependant, à moins d'avoir une personnalité masochiste, la pratique du golf en elle-même fournit amplement d'occasions de faire souffrir ses adeptes sans qu'on en rajoute. Je ne peux m'empêcher de vous rappeler que même pour les «masos», il y a des limites à la souffrance que l'on peut s'infliger, car lorsqu'on perd connaissance, on ne sent plus grand-chose. À ce point extrême, même le plaisir de souffrir s'éteint.

Compression

Capacité d'une balle à réagir à l'impact de la tête d'un bâton selon que sa texture est plus ou moins ferme. Ce terme peut aussi décrire l'énergie que l'on met à retenir son rire quand un copain (ou un adversaire) exécute un coup de façon malhabile. Un coup de «Nazaire» dirait un Yves de mes amis médecins. La compression est préférable à l'expression ouverte, même humoristique, de son plaisir devant le malheur de l'autre comme dans la remarque: «Inquiète-toi pas, j'la vois!» ou encore «Beau coup roulé!» à propos d'une balle qui vient d'être calottée par un coup de bois et expédiée à moins de 10 mètres devant.

Concentration

Capacité de l'esprit humain de centrer son attention vigile sur un objet précis: idée, tâche, problème. Cette capacité varie d'une personne à l'autre, et de multiples stimuli, tant internes qu'externes, s'allient pour la contrer. Elle reste pourtant un des éléments essentiels à la bonne exécution du jeu.

Déception

Sentiment surtout empreint de tristesse. Vous risquez de l'éprouver avant une partie (température inclémente), durant une partie (chaque coup peut en être le déclencheur) ou après (lorsque vous faites le décompte de vos coups). C'est ce que ma Catherine d'ado appelle se sentir «fru»...

Digestion

Fonction naturelle d'un organisme vivant visant l'assimilation et l'absorption de liquides et de solides divers qui peut interférer avec l'exécution d'une partie de 18 trous. Trop ou pas assez manger, trop ou pas assez s'abreuver avant une ronde de golf, voilà qui peut influer (en plus ou en moins) sur son résultat! Il est important de se rappeler que, par temps très chaud, une exposition solaire de cinq heures ou plus influence la balance électrolytique. De plus, une marche, alliée aux efforts plus ou moins grands reliés aux élans, pose le problème de l'hypoglycémie, particulièrement pour celles et ceux qui y seraient prédisposés.

Élation

Sentiment opposé à la déception. Le mot euphorie est quasi synonyme. Il est ressenti après un coup particulièrement réussi, une partie complète sans gaffe majeure ou, plus simplement, lorsqu'on se permet un arrêt et qu'on se surprend à savourer le moment présent, surtout si on est en vacances et qu'on est en train de s'adonner à son passe-temps favori. Sa forme ultime serait éprouvée après un trou d'un coup. Je vous le souhaite de tout cœur…

Frustration

C'est moins la frustration que son expression qui risque de poser un problème. On rapporte qu'un golfeur professionnel a déjà lancé son sac à l'eau après avoir raté un coup. On dit même qu'il aurait ensuite lancé son cadet dans le même lac parce qu'il riait… Mauvais exemple que celui-là! Autre anecdote dans la même veine: un autre type aurait lancé son sac, bâtons inclus, dans le lac, puis il serait allé récupérer le tout et, après en avoir extrait son trousseau de clés, il aurait relancé le fameux sac à l'eau… Une autre façon d'exprimer son mécontentement est de jurer. Rappel amical: nos jurons, nos sacres et nos blasphèmes sont plus que désagréables pour nos partenaires.

Généralisation

Concept selon lequel il est possible, et d'ailleurs hautement souhaitable, que les comportements appris dans un cadre donné puissent être transférés dans un autre lorsque les circonstances l'exigent. Ainsi espère-t-on que les bons coups réussis au champ ou au vert de pratique se répéteront de la même façon en situation réelle de jeu.

Hallucination

Perception sans stimulus externe décelable. Dans sa forme négative, elle permet d'effacer de son champ de vision un obstacle, par exemple un plan d'eau, un bosquet ou une fosse de sable, et de favoriser la réussite d'un coup qui, en d'autres circonstances, n'aurait été que routine.

Intégration

Opération par laquelle diverses parties sont rapprochées intimement pour former un tout cohérent. C'est grâce à elle que vous pourrez réunir en un tout productif les divers conseils et moyens que vous venez de lire et ceux que vous avez déjà lus, vus, entendus ou appris à propos du golf. Ce processus, bien que lent, est nécessaire, voire indispensable.

Intimidation

Attitude par laquelle une personne se sent inhibée, gênée, écrasée ou tout autrement mal à l'aise face à une ou à plusieurs autres. Ce sentiment peut aussi être provoqué par la configuration particulière d'un trou de golf, et expliquer qu'il devienne régulièrement le «Waterloo» d'un joueur. Et, par un jeu de mots facile, citons le 11e trou du parcours de Saint-Jean-de-Matha où plusieurs chutent régulièrement.

Miction

Obligation régulièrement impérative d'évacuation liquidienne dont l'équipement pour y satisfaire est tout à fait inéquitable selon le sexe. De plus en plus de clubs diminuent cette injustice en installant des vespasiennes portatives au mitan de chacun des deux neufs.

Rationalisation

Tout argument utilisé pour justifier *a posteriori* la mauvaise exécution d'un coup. Par exemple:

- ♀ «Vous m'avez distrait…»
- ♀ «Ma balle était défectueuse…»
- ♀ «J'ai un cor au pied…»
- ♀ «J'ai entendu le train siffler…»
- ♀ «J'ai pensé à ma belle-mère…»
- ♀ «Un moustique m'a piqué…»
- ♀ «Je ne comprends pas, d'habitude je…»

Répétition

Tous les artistes et les athlètes lui reconnaissent deux caractéristiques fondamentales: ennuyeuse mais essentielle. C'est à répéter les mêmes gestes, à refaire la même routine qu'on parvient à maîtriser le jeu. Vous vous souvenez de ce que j'ai mentionné à propos de la M.I.N.M.? La patiente répétition des mouvements et des routines est la clé de leur maîtrise, de leur amélioration et de leur permanence.

Soustraction

Opération mathématique par laquelle on arrive à calculer son handicap: vingt parties moins les cinq meilleures et les cinq pires divisées par dix. On utilise aussi, de façon consciente ou pas, la soustraction pour améliorer son résultat. À déconseiller pour soi-même (comment peut-on se mentir?) et pour les autres qui auront le choix entre deux options: se taire ou vous mettre face à votre oubli…

Passion

On oublie facilement que ce mot vient du latin *passio* qui signifie souffrance. Parfois, la partie de golf, avec ses 18 trous, semble plus longue que la passion du Christ, qui compta 14 stations. Heureusement, au golf comme en amour, la passion n'apporte pas que des peines. Elle est aussi l'occasion de grandes et de petites joies… que je vous souhaite de continuer à connaître en abondance.

Et si vous vous demandez pourquoi ce dernier mot n'est pas, comme les autres, par ordre alphabétique, c'est tout simplement parce que la passion est dans une catégorie à part...

C'est dans cet esprit léger que je vous ai proposé la définition d'un certain nombre de termes qui peuvent s'appliquer au golf. Le tout est à prendre avec une grosse pincée d'humour, évidemment.

DES MOTS
ET DES MAUX

Le golf, comme je tends à le dire, est un révélateur de la personnalité des gens qui s'y adonnent. Pas étonnant qu'il soit si
intéressant d'analyser les mots qu'on utilise au sujet de ce sport
puisqu'ils révèlent aussi des choses à propos de sa nature et du
rapport qu'on établit avec lui. Je vous propose donc de regarder
d'abord les mots du golf, puis les surnoms qu'on donne aux
joueurs. Comme on le sait, le succès au golf tient d'abord des
aptitudes, ensuite des attitudes.

Le vocabulaire du golf

Golf

Plusieurs explications se disputent l'origine du mot.
Selon les plus crédibles, ce terme serait dérivé d'un
vieux mot celtique signifiant bâton. L'expression «club
de golf» ou «bâton de golf» serait donc une répétition,
un pléonasme.

À noter aussi que, comme cela se passe parfois, le mot *club* désigne également l'organisation qui gère un groupe de personnes s'intéressant au golf et s'étant associées pour y jouer. Il faut savoir qu'il n'est pas nécessaire d'avoir un parcours de golf pour former un club, un peu comme on peut faire partie d'un club de ski qui n'est pas lié exclusivement à un centre de ski en particulier.

Par

Ce terme serait l'abréviation de l'expression «par excellence». L'utilisation du mot «normale» est, à mon avis, inappropriée puisque la réussite de la «normale» est loin d'être la norme, encore moins la moyenne du taux de succès de la majorité des joueurs. On s'accorde d'ailleurs pour dire qu'à peine 10 % de ceux qui s'adonnent au golf réussissent un score inférieur à 100, si, bien sûr, ils comptent *tous* leurs coups...

Aigle, albatros et oiselet

Comme on le voit sans lunettes d'approche, la rareté du nom du volatile «mascotte» des beaux coups au golf croît avec la rareté de ces dits coups, l'albatros étant ce beau grand oiseau blanc que peu de gens peuvent se vanter d'avoir vu, même dans les jardins zoologiques.

Ace, as ou trou d'un coup

Curieusement, si cet exploit marque d'une «pierre blanche» la carrière de tout golfeur, quel que soit son niveau d'habileté, il est moins rare qu'un albatros ou, bien sûr, un trou d'un coup sur un par 4... qui n'a cependant pas la même notoriété que celui réussi sur un par 3. Je n'ai jamais entendu dire qu'un albatros obligeait la personne qui accomplit l'exploit à payer une tournée à la ronde, la tournée de champagne constituant le *nec plus ultra* de la grande classe...

Les surnoms

Voyons maintenant quelques surnoms qui sont devenus, avec les années, la marque de commerce, ou presque, de certains grands du golf.

Arnie

C'est le surnom d'Arnold Palmer; on trouve aussi l'expression célèbre Arnie's Army, qui désigne la foule d'admirateurs suivant ses pas sur les allées pour savourer, des premières loges, ses exploits.

Golden Bear

C'est la blonde chevelure de même que l'imposant gabarit de Jack Nicklaus qui lui ont valu ce surnom.

White Shark

L'Australien Greg Norman doit à sa chevelure blond pâle et à son caractère vorace d'être reconnu comme un requin blanc.

One Iron

Seul Ben Hogan pouvait se vanter de maîtriser ce fer «injouable» pour le commun des mortels. Cette difficulté est bien illustrée par l'anecdote suivante. Lee Trevino se trouvait sur un parcours alors qu'un violent orage éclatât. À ceux qui le virent brandir un fer 1 au-dessus de sa tête, il rétorqua: «Aucun danger, car même Dieu ne peut frapper un fer 1...»

Happy Mexican:

Son allure débonnaire, son sourire perpétuel, son «apparente» désinvolture ont valu à Lee Trevino, mexicain d'origine, ce joli surnom. Comme l'anecdote précédente le montre bien, il n'y avait rien à son épreuve. Cette autre historiette amusante l'illustre bien: alors qu'il se prêtait à une fastidieuse séance de démonstration à des amateurs, le jour précédant un tournoi majeur, voici ce qu'il répondit à un loustic qui lui demanda: «Monsieur Trevino, voudriez-vous nous parler de votre élan (*swing*)?» Et Lee de répondre: «Mon *swing*? Mais je n'ai pas de *swing*!» Et tous ceux qui l'ont vu jouer par le passé et ceux qui le voient encore parfois dans un tournoi du circuit *senior* savent combien il a raison! Au golf, le comment est moins important que le résultat!

Big John

John Daly est incapable de passer inaperçu. Si son physique est imposant, certaines de ses frasques, sur le parcours comme en dehors, lui valent aussi le surnom de BIG BAD JOHN. Mais, comme le dit la chanson, «même si la charité chrétienne a bien meilleur goût», je vais quand même me permettre un péché véniel, une petite médisance. Un jour, Big John démontrait ses talents à un groupe d'admirateurs par la force de son élan et, surtout, par la distance que celui-ci lui permettait de faire franchir à ses balles. Rappelons-nous que ce «gorille» du golf parvient fréquemment à atteindre le vert des par 4 de 400 verges et plus, grâce à son coup de départ. Je disais donc qu'il se livrait à ses prouesses devant un public qui en redemandait. Il plaça donc une balle sur un tee puis, se retournant vers l'estrade bondée de spectateurs, il leur fit face et exécuta une de ses légendaires «claques». Heureusement, la balle monta assez rapidement pour éviter la tête des amateurs estomaqués, perchés sur les bancs les plus hauts. On rapporte qu'il fut réprimandé par les autorités pour sa témérité (ou son manque de jugement...).

The Walrus (Le morse)

Craig Stradler a mérité ce surnom en raison de ses remarquables moustaches qui, associées à un visage aussi rondelet que son tour de taille, lui donnent un air de famille avec cet animal marin à l'allure débonnaire. Pas particulièrement souriant, il reste la consolation des joueurs qui ont comme moi le profil «père Noël».

Tiger

Ce n'est pas par hasard si l'exceptionnel Eldrik Woods vient en fin de liste des joueurs affublés d'un surnom. J'ai en effet beaucoup de difficultés avec ce personnage hors de l'ordinaire. «Il est dans une classe à part», s'accordent à dire ses compagnons de jeu. Et ils n'ont pas tort. Quand les autres visent une des dix premières places, lui n'a qu'un seul objectif: la première. Ses exploits, à ce jour, font de lui l'un des plus grands, sinon le plus grand, à s'être adonnés à ce sport, la réussite du grand chelem[9] n'étant pas le moindre. Il tient son surnom d'un général vietnamien qu'aurait connu son père, Earl, le béret vert, lors de sa participation à la

---

9. Dans l'ordre, le Masters, le U.S. Open, l'Omnium britannique et le championnat de la Professional Golf Association (PGA).

tristement célèbre guerre du Vietnam. Objet des fantasmes projectifs les plus délirants d'un père narcissique, Eldrik constitue une machine, une mécanique golfique génétiquement modifiée par des origines taï, africaine et autochtone américaine. J'avoue que je l'avais quasiment oublié lorsque mes réviseurs de textes m'ont fait remarquer son absence dans la liste des surdoués. Pour vraiment tout vous dire, c'est plutôt parce que son bougre de «pousseux» de père prétentieux me tombe sur la rate. Avez-vous remarqué qu'il y en a quelques autres du même type dans d'autres sports: M. Williams (tennis), M. Hilton (boxe), M. Lindros (mère incluse) (hockey)...

ET POUR CONCLURE

Merci de m'avoir accompagné jusqu'à la fin du parcours «psy». J'espère que votre jeu et, surtout, votre vécu au golf en seront améliorés dans le sens d'un plus grand plaisir, d'une plus grande détente, d'un meilleur apport au maintien de votre santé globale. Cette santé a son secret dans un équilibre entre les investissements affectifs et sociaux, entre le travail et les loisirs.

Si vous ne deviez retenir que trois éléments de cette lecture, je vous suggère les suivants:

Primo: Penser qu'on peut bien jouer sans posséder une bonne technique de base et sans y mettre un minimum de pratique relève de la «pensée magique».

Secundo: Comme il est impossible de garder sa concentration durant toute une partie de golf, s'efforcer d'être concentré au moment précis de l'exécution de chacun des coups.

Tertio: Sauf pour les professionnels dont c'est le gagne-pain, le golf devrait être vécu comme un jeu, comme une activité de détente.

ÉPILOGUE

L'autre nature du golf

«Bien difficile, disait mon grand-père, de faire manger toutes les poules en même temps dans un poulailler.» Cette version très familiale est une autre façon de dire combien il est difficile de plaire à tous.

Ainsi, dans «La vraie nature du golf», à la page 21, j'ai été *politically correct* en me limitant à la recherche des racines «anthropologique» du golf et en situant son stade développemental sur la grille des phases de l'évolution du jeu chez l'enfant; ce faisant, j'ai probablement toutefois déçu ceux qui attendaient une lecture plus «psychodynamique» de cette activité, lecture qui se rapporte nécessairement à Freud et à ses disciples. Ainsi, le regard que Freud père poserait sur le golf ne manquerait pas de faire ressortir le parallèle que l'on peut y voir avec l'expression de la sexualité humaine. Il montrerait aussi qu'il est possible de lire de cette façon la plupart des activités ludiques, voire sportives, auxquelles se livre l'être humain. Essentiellement, ces activités «subliment» les pulsions fondamentales que sont l'agressivité et la libido.

D'aucuns d'ailleurs avancent qu'il s'agit là d'une seule et même pulsion, la pulsion de vie, qui s'exprime sous deux aspects différents, mais il s'agit d'un débat dans lequel nous ne nous embarquerons pas ici. Où donc se situerait le golf dans la symbolique sexuelle? Eh bien, on n'a qu'à rappeler qu'à ce jeu, on utilise un bâton, on projette une balle, on vise un orifice qu'il faut atteindre: bâton, élan, balle, trou. Traduisons: érection, éjaculation, pénétration, élation... surtout si la réussite est au rendez-vous. Et les femmes là-dedans? Freud n'a-t-il pas, au grand dam des féministes, qui ne se sont pas gênées pour le pointer du doigt, avancé l'hypothèse de «l'envie du pénis chez la femme»? Attention, en aucun moment je ne prétends que la pratique du golf est une activité à caractère sexuel ou même un substitut de l'activité sexuelle. Cependant, il se trouvera sûrement de petits comiques qui prétendront que la vraie nature du fameux 19e trou n'est pas nécessairement du type «normand».

Anecdote intéressante dans la même veine et qui peut donner du poids à ma prétention que l'objet projeté peut avoir une symbolique érotique. Il y a une quinzaine d'années, Jack Nicklaus lui-même y était allé de la prophétie suivante: «Dans quelques années, tous joueront avec des balles de couleur et la balle blanche sera reléguée aux oubliettes.» Eh bien, l'Ours blond devrait continuer de se concentrer sur son jeu, car même si parfois on peut se laisser tenter par une balle orangée, rose, jaune ou même, tant qu'à faire, bleue, la majorité des adeptes du golf continuent de s'élancer sur la petite «pilule» blanche.

À PROPOS
DE L'AUTEUR

Le docteur Albert Plante, médecin psychiatre, est professeur agrégé de clinique à la Faculté de médecine de l'Université de Montréal. Tatoué d'un 9 dans le dos, ce sportif de la génération de ceux qui ont vu Maurice Richard à l'œuvre, a touché à nombre de sports: baseball, balle molle, badminton, plongée sous-marine ping-pong et même billard. Ayant accroché ses patins récemment, c'est au golf qu'il s'adonne maintenant allégrement. Depuis plusieurs années, il s'intéresse à la psychologie du sport, en particulier à celle du golf. Il rédige, pour la revue *L'Actualité médicale*, des chroniques sur les différents parcours de golf qu'il expérimente. Il en a déjà plus de 150 à son actif.

TABLE DES MATIÈRES